COMO RESOLVER CONFLITOS EM SUA VIDA

DALE CARNEGIE

COMO RESOLVER CONFLITOS EM SUA VIDA

Tradução
Maria Clara de Biase W. Fernandes

1ª edição

Rio de Janeiro | 2021

CIP-BRASIL. CATALOGAÇÃO NA PUBLICAÇÃO
SINDICATO NACIONAL DOS EDITORES DE LIVROS, RJ

C286c   Carnegie, Dale, 1888-1955
Como resolver conflitos em sua vida / Dale Carnegie ; tradução Maria
Clara de Biase W. Fernandes. – 1. ed. – Rio de Janeiro : BestSeller, 2021.

Tradução de: Resolve conflicts in your life
ISBN 978-65-5712-042-2

1. Relações humanas. 2. Conflito interpessoal. 3. Administração de conflitos.
I. Fernandes, Maria Clara de Biase W. II. Título.

CDD: 158.2

21-71144   CDU: 316.47

Camila Donis Hartmann – Bibliotecária – CRB-7/6472

Texto revisado segundo o novo Acordo Ortográfico da Língua Portuguesa.

Título original
Resolve Conflicts in Your Life

Copyright © 2016 Dale Carnegie & Associates

Todos os direitos reservados a JMW Group, Inc. Direitos exclusivos de publicação
ao redor do mundo em todo e qualquer idioma de JMW Group.
jmwgroup@jmwgroup.net

Copyright da tradução © 2021 by Editora Best Seller Ltda.

Todos os direitos reservados. Proibida a reprodução,
no todo ou em parte, sem autorização prévia por escrito da editora,
sejam quais forem os meios empregados.

Direitos exclusivos de publicação em língua portuguesa para o Brasil
adquiridos pela EDITORA BEST SELLER LTDA.
Rua Argentina, 171, parte, São Cristóvão
Rio de Janeiro, RJ – 20921-380
que se reserva a propriedade literária desta tradução

Impresso no Brasil

ISBN 978-65-5712-042-2

Seja um leitor preferencial Record.
Cadastre-se no site www.record.com.br e receba informações
sobre nossos lançamentos e nossas promoções.

Atendimento e venda direta ao leitor
sac@record.com.br

Sumário

PREFÁCIO 7

CAPÍTULO UM
Conflito — Uma oportunidade de crescimento 11

CAPÍTULO DOIS
Técnicas de resolução de conflitos 39

CAPÍTULO TRÊS
Personalidade e conflito 57

CAPÍTULO QUATRO
Trazendo o conflito à tona 83

CAPÍTULO CINCO
Do conflito à colaboração 113

CAPÍTULO SEIS
Mantendo a harmonia quando surgem conflitos 145

CAPÍTULO SETE
Lidando com pessoas e circunstâncias difíceis 169

APÊNDICE A: SOBRE A DALE CARNEGIE & ASSOCIATES, INC.   203

APÊNDICE B: OS PRINCÍPIOS DE DALE CARNEGIE   205

Prefácio

Todo conflito que enfrentamos na vida tem grande potencial positivo e negativo. Pode ser uma fonte de inspiração, compreensão, aprendizado, transformação e crescimento — ou raiva, medo, vergonha, armadilha e resistência. A escolha não é de nossos oponentes, mas nossa, e nossa disposição de enfrentá-lo e resolvê-lo.

— KENNETH CLOKE E JOAN GOLDSMITH,
CONSULTORES E ESCRITORES

Nós vivemos em um mundo polarizado. As coisas frequentemente não são como gostaríamos que fossem. Isso se mostra verdadeiro sobretudo em nossa vida profissional. No trabalho, surgem conflitos entre nós e nossos colegas, supervisores, clientes, vendedores e outras pessoas presentes em nosso ambiente profissional. Em nossa vida pessoal, enfrentamos situações conflitantes com pessoas da nossa comunidade, membros de organizações sociais e recreativas às quais pertencemos, adversários políticos e, frequentemente, membros de nossa família.

Como resolver conflitos em sua vida

Mesmo quando não estamos diretamente envolvidos no conflito, podemos ser afetados de maneira negativa pela situação e nos envolver em sua solução.

Neste livro, examinaremos as causas do conflito e daremos orientações sobre como lidar com elas.

Alguns dos aspectos que discutiremos são:

- Identificar as origens do desentendimento para podermos encontrar modos de evitá-las.
- Descobrir conflitos ocultos e trazê-los à luz.
- Desenvolver diretrizes para manter situações conflitantes produtivas.
- Superar discordâncias sem guardar ressentimento.
- Identificar temas polêmicos pessoais e como lidar com desavenças.
- Enxergar as situações da perspectiva do outro e apresentar nossas opiniões de modo a obter maior aceitação.

Todos os esforços deveriam ser feitos para resolver conflitos o mais rapidamente possível. Desavenças no trabalho atrapalham nossa produtividade e, se não forem prontamente resolvidas, podem afetar o moral de toda a equipe ou de todo o departamento. A incapacidade de resolver conflitos em nossas relações pessoais pode resultar em ressentimento duradouro e, por fim, na perda de amizades ou ostracismo social. Se o conflito for com membros de nossa família, podemos nos ver constantemente discutindo ou vivendo em um ambiente turbulento. Nossa unidade familiar pode acabar se desintegrando completamente.

Resolver conflitos exige, em parte:

Prefácio

- Determinar quando a mediação é necessária.
- Assegurar-se de que todos os participantes vão escutar imparcialmente os indivíduos em conflito.
- Facilitar um canal de comunicação aberta entre eles.
- Orientar os envolvidos em direção à resolução do conflito.
- Fortalecer relacionamentos por meio de uma resolução de conflitos bem-sucedida.
- Criar um ambiente de confiança e comunicação aberta.

No local de trabalho, problemas resultantes de conflito e desavenças não só afetam a equipe, o departamento e a empresa, como também têm forte impacto emocional nos indivíduos envolvidos. Discutiremos também como podemos administrar o conflito com maturidade. Isso inclui:

- Comprometer-nos com princípios para manter o equilíbrio emocional.
- Manter a calma ao falarmos sobre um assunto conflituoso com a outra pessoa.
- Entender nossas reações a situações conflituosas.
- Saber expressar discordância de modo respeitoso.

Nós discutiremos as técnicas de negociação eficaz e aprenderemos a nos preparar para uma discussão frutífera em uma área da qual discordamos. Também aprenderemos a expor os melhores argumentos e como saber quando e como chegar como acordos satisfatórios, incluindo a importância de encontrar uma solução vantajosa para todos, de modo que cada parte sinta que a solução lhe foi benéfica.

Como resolver conflitos em sua vida

Nós reconhecemos que haverá ocasiões em que nossa opinião não prevalecerá. Algumas pessoas ficam arrasadas com o sentimento de derrota e decepção. No último capítulo deste livro, aprenderemos a lidar com perdas e nos recuperar com uma atitude positiva renovada, prontos para enfrentar novos desafios no caminho para o sucesso.

Entender como lidar com os inevitáveis conflitos que enfrentamos em nosso trabalho e em nossa vida é essencial não só para nos tornarmos trabalhadores produtivos, mas também pessoas felizes, satisfeitas e bem-sucedidas em nossos relacionamentos pessoais.

Dominar as habilidades para resolver conflitos e efetivamente negociar resultados vantajosos para todos pode ser uma experiência gratificante e empolgante. No ambiente de trabalho, não só contribuiremos para o sucesso de nossa empresa, como também melhoraremos nosso status pessoal nela. Mais importante ainda, nossa satisfação com o trabalho aumentará. Em casa ou em nossa vida social, seremos criadores de harmonia e garantiremos que os mal-entendidos não se transformem em ressentimentos.

CAPÍTULO UM

Conflito — Uma oportunidade de crescimento

A maioria de nós vê os conflitos como uma das experiências mais difíceis que enfrentaremos em nossa vida profissional. Por isso, tendemos a não ver conflito como uma oportunidade, mas como um obstáculo a ela.

É provável que esses pontos de vista sejam reforçados pelo fato de que as empresas não fornecem ferramentas eficazes para utilizar esse conflito de uma maneira positiva; elas não criam uma cultura na qual o conflito gere uma oportunidade de crescimento pessoal e organizacional.

Neste capítulo, discutiremos formas de melhorar nosso ambiente de trabalho e desenvolver nossa empresa nos engajando em situações de discordância. Primeiro examinaremos os vários efeitos negativos que os conflitos no trabalho podem ter. Então, aprenderemos como os desentendimentos podem servir como oportunidades de desenvolver e melhorar nossa empresa.

Como resolver conflitos em sua vida

Há três princípios na essência e na vida de um homem: o princípio do pensamento, o princípio da fala e o princípio da ação. A origem de todos os conflitos entre mim e meus semelhantes é que eu não digo o que quero dizer e não faço o que digo.

— MARTIN BUBER

Como os conflitos inibem o crescimento individual

Embora queiramos nos concentrar nos modos positivos pelos quais podemos administrar conflitos e, em última análise, como nos beneficiaremos disso, primeiro examinaremos como nosso crescimento profissional pode ser atravessado por conflitos. Por exemplo, membros influentes de nossa empresa podem discordar de nós sobre um assunto importante ou então circunstâncias que nos favoreciam podem subitamente mudar. Podemos até mesmo descobrir que alguns concorrentes colocaram obstáculos em nosso caminho. Vamos analisar o que está por trás de algumas dessas situações:

- **Dificuldade de aceitar mudanças:** Nós estamos prestes a fazer uma grande mudança em nossos métodos ou sistemas, mas os membros de nossa equipe relutam em cooperar. Algumas pessoas ficam na defensiva quando lhes é pedido que mudem (basicamente, muitas delas consideram as mudanças assustadoras), e transformarão esse pedido em uma situação conflituosa. Muitos embates

Conflito — Uma oportunidade de crescimento

profissionais surgem da resistência a novas ideias. Nós devemos substituir o pensamento de que "nunca fizemos isso assim" ou "já tentamos isso uma vez e não funcionou" por uma atitude de descontentamento construtivo. Como ensinaram Frank e Lilian Gilbreth, pioneiros em administração científica, devemos procurar o melhor método — e quando concluirmos que o encontramos, procuremos um método ainda melhor. Para facilitar as transições, devemos desenvolver um clima de comunicação fácil dentro de nossa equipe para que novas ideias possam ser ouvidas e aceitas.

- **Desconforto diante do conflito:** Outro motivo para o surgimento de tensos desafios é que muitas pessoas não sabem como reagir de maneira produtiva à discórdia. Todos nós já tivemos a experiência de trabalhar com colegas que subitamente parecem limitados ou paralisados. Isso pode ser devido a uma necessidade de se afastar de alguém (ou de algum assunto) com quem estão em conflito. Essas pessoas adiam a solução de problemas, causando atrasos na implementação de ideias e, frequentemente, sabotando os esforços gerais da empresa. Desconforto diante do conflito pode levar à fuga do assunto, e se nós somos parte da discordância, ou até mesmo de algum modo associados a uma parte dela, podemos descobrir que alguma de nossas relações de negócios azedou.

- **Nosso comportamento aumenta a discórdia:** Nem sempre a culpa é dos outros que os conflitos permaneçam sem solução. Com frequência a culpa é nossa. Nossa capacidade

Como resolver conflitos em sua vida

de ouvir normalmente é a primeira coisa que desaparece quando estamos em desacordo. Nós nos tornamos mais abruptos, menos amigáveis e em geral menos dispostos a nos expressar abertamente.

Por exemplo, quando surgiu uma grande dificuldade em obter dados importantes para finalizar seu projeto, Ashley entrou em pânico. Faltavam apenas alguns dias para o prazo final e a incapacidade de cumpri-lo interromperia o trabalho de todas as outras equipes envolvidas. Em seu esforço para superar o problema, ela se voltou para dentro, tentando resolvê-lo sozinha. Ao não solicitar sugestões dos outros membros de sua equipe, nem se demonstrar aberta a recebê-las, Ashley limitou suas opções de obter os dados de que precisava para fazer o trabalho. Recusando-se a pedir ajuda, acabou complicando ainda mais seu problema.

Os efeitos do conflito não resolvido

Há relativamente poucos empregos em que uma pessoa trabalhe sozinha. Na maioria deles, trabalhamos com outras pessoas e, a menos que exista harmonia no grupo, haverá problemas constantes. Isso não significa que todos os membros do grupo ou da equipe precisem sempre concordar em tudo. Diferenças de opinião ocorrerão e isso não é necessariamente ruim. Opiniões diferentes muitas vezes levam a soluções criativas para os problemas. No entanto, se houver desacordo constante (sobretudo entre as mesmas pessoas), os desentendimentos domina-

Conflito — Uma oportunidade de crescimento

rão as interações dentro do grupo. De fato, conflitos não resolvidos não só impedem nosso próprio crescimento individual, como têm efeitos nocivos em toda a empresa. Processos se tornam mais lentos, o desempenho da equipe é prejudicado, o moral diminui e até mesmo nossos prestadores de serviço e clientes tendem a ser impactados pela situação.

Efeitos quantificáveis

Um efeito grave e quantificável do conflito não resolvido é uma queda na produtividade da empresa. A menos que o conflito possa ser resolvido rapidamente, o trabalho em um projeto provavelmente será protelado, ou o serviço fornecido por uma empresa será reduzido. Os resultados incluem descumprimento de prazos, atraso nas entregas e insatisfação do cliente. Como consequência, haverá perda de receita e a relação com os clientes se deteriorará.

A produtividade também é afetada pelo moral baixo. Empregados envolvidos em desentendimentos se tornam infelizes e frustrados. Isso leva ao aumento de faltas, dias de folga não programados e lentidão no trabalho.

Quanto a essa última, em muitos de nós a pressão de nos ver em situações conflitantes causa estupor mental. Nossa energia fica baixa. Nossa motivação é sugada pelo conflito. Quando você sentir fadiga ou oscilação de pressão, faça uma pausa. Siga os três erres da recuperação: repouso, relaxamento, recarga.

William e Harry estavam constantemente em conflito. Cada um deles enxergava todas as situações apenas da perspectiva

Como resolver conflitos em sua vida

própria. A principal preocupação de William era o custo; a de Harry, a produtividade. Depois de uma amarga discussão sobre adotar um método diferente para um processo de produção, em que a opinião de Harry prevaleceu, surgiu outro conflito entre eles. William sabia que estava cansado e estressado demais para reagir produtivamente a outra desavença. Ele persuadiu seu gerente a adiar a resolução do novo problema para a semana seguinte. Durante esse tempo, William realmente se afastou um pouco da situação. Envolvendo-se em um trabalho que exigia menos dele e jogando um pouco de golfe no fim de semana, ele recarregou suas baterias e pôde dar total atenção ao novo problema na segunda-feira. Conflitos frequentemente também resultam em pessoas travadas; a inação se instala entre as partes em conflito. Quando é desconfortável para as partes em conflito lidar com os problemas, a situação permanece estagnada por longos períodos. O crescimento dentro da empresa é inibido.

Allan era o chefe do departamento de expedição desde sempre — ou assim parecia. Ele trabalhava na empresa desde a fundação e organizava e administrava os sistemas do setor. Alguns anos antes, Jason, recém-formado na universidade, foi contratado e designado para o mesmo departamento. Jason ficou chocado com os métodos arcaicos usados ali e sugeriu a Allan algumas mudanças. Allan não só se recusou a ouvir suas ideias, como se queixou a um colega de trabalho de que "aquele garoto que acabou de sair da universidade, que pensa que sabe tudo, estava tentando lhe ensinar a administrar seu departamento".

Ficou óbvio para Jason, pelo modo frio com que Allan o tratava, que seu pensamento progressista não era apreciado, e quando chegou a hora da primeira avaliação anual de Jason, Allan escreveu que Jason realizava bem suas tarefas, mas não sabia trabalhar em equipe. Em consequência disso, Jason saiu da empresa logo depois e foi para outra onde teria mais liberdade. O processo de expedição não foi alterado e a empresa perdeu alguns clientes para concorrentes que forneciam um serviço mais rápido.

Como pode ser observado nessa história, outro efeito do conflito no local do trabalho é a possibilidade de funcionários insatisfeitos deixarem a empresa. Substituí-los não só consome tempo, como também sai caro. Além do tempo e do custo de contratar novos funcionários, há um lapso de tempo significativo antes de eles efetivamente se tornarem colaboradores da empresa.

Funcionários que experimentam tensão e conflito no local de trabalho tendem a gerar produtos e serviços de baixa qualidade, fazendo a empresa incorrer em gastos maiores para melhorar os problemas de qualidade.

Finalmente, a má produtividade pode resultar em uma incapacidade de cumprir prazos que não só causará perda nos negócios, mas também poderá resultar em caros processos judiciais.

Efeitos imensuráveis

Além dos problemas quantificáveis de conflitos não resolvidos, também há problemas menos tangíveis que resultam disso.

Confiança e respeito são prejudicados por conflitos de longo prazo. A confiança é o elemento mais importante no desenvolvimento de relações profissionais bem-sucedidas e duradouras.

Como resolver conflitos em sua vida

As pessoas em conflito confiam pouco umas nas outras e com frequência deixam de se respeitar.

Além disso, conflitos entre pessoas tendem a se perpetuar como discordâncias sobre questões do dia a dia. Quando um conflito se estabelece entre membros da equipe, não só as discordâncias são normalizadas, como os conflitos são esperados. Obviamente, um ambiente hostil é tão desagradável quanto improdutivo.

Situações de conflito raramente são boas para nossas atitudes. Nós nos sentimos desconfortáveis quando ocorrem, seja como alguém diretamente envolvido, seja como testemunha da desavença entre colegas no local de trabalho. Esse desconforto reduz nossas atitudes positivas em relação à nossa equipe e à empresa. Ninguém gosta de trabalhar em um ambiente hostil. Uma das causas frequentes da alta rotatividade em um departamento são as condições de trabalho desagradáveis.

Outro resultado de conflitos constantes no local de trabalho é a perda da motivação da equipe. Quando nós sentimos que estamos estagnados em um conflito de longo prazo, podemos dizer para nós mesmos: "Por que deveria me esforçar para fazer um bom trabalho? De qualquer forma alguém vai pegar no meu pé, não importa quão bem eu o faça." Nós perdemos a motivação para buscar a excelência em nossa função.

Shelly é um bom exemplo de uma funcionária que perdeu o entusiasmo pelo trabalho. Quando a empresa a contratou, ela estava animada porque trabalharia para Margo, uma das melhores executivas de contas da indústria publicitária. Contudo, seu supervisor direto, Michael, um dos vários assistentes de Margo, raramente lhe dava acesso à chefe. Quaisquer ideias que Shelly tivesse eram filtradas por ele, que frequentemente as

Conflito — Uma oportunidade de crescimento

rejeitava sem nunca passá-las adiante ou ao menos sugerir como poderiam ser aperfeiçoadas. Shelly esperara ter a opinião de Margo para poder aprender e crescer no trabalho. Por fim, Shelly fazia tudo o que Michael lhe dizia para fazer e nada mais — daí começou a procurar um novo emprego.

Se Margo fosse tão boa em administrar equipes quanto em gerenciar contas, teria observado a tensão entre Shelly e Michael e intervindo para resolvê-la. O resultado poderia ter sido uma melhora nas habilidades de Michael como supervisor e nas de Shelly como executiva de contas.

Conflitos no local de trabalho também podem resultar em más decisões. Cathy, gerente dos recursos humanos, pediu a Bob e Ben que avaliassem e recomendassem dois convênios de assistência médica que a empresa estava considerando contratar. A escolha de Bob foi pelo mais barato, mas também o menos abrangente dos dois. Ben discordou totalmente, argumentando que a cobertura mais ampla beneficiaria mais a empresa em longo prazo, melhorando a saúde da força de trabalho, reduzindo as faltas e atraindo funcionários valiosos. Cathy concordou com Bob e comprou a apólice mais barata. Em sua pressa para resolver o conflito, tomou uma decisão sem investigar se havia outras apólices disponíveis com um melhor custo-benefício.

Más decisões também podem resultar da confusão gerada por conflitos. Cada parte discordante tende a apresentar ideias, evidências e informações para apoiar seu ponto de vista. Como esses argumentos são enviesados para impor os pontos de vista do proponente, podemos ficar confusos sobre a informação realmente pertinente. Depois de ouvirmos os dois lados, é uma

Como resolver conflitos em sua vida

boa ideia listar os pontos apresentados por cada um e depois compará-los.

Por exemplo, Barry e Gary têm abordagens diferentes para lidar com um problema. Quando cada um apresentar seu argumento, anote todos os pontos-chave. Então, em uma planilha, escreva os aspectos do projeto e, ao lado de cada ponto, o material apresentado por cada parte. Agora podemos comparar seus argumentos e buscar informações adicionais para elucidar quaisquer mal-entendidos. Nós notamos que os custos diferem bastante. Ao questionar cada um sobre a base de seus cálculos, descobrimos que Barry incluiu despesas gerais e outros custos não específicos e Gary só incluiu custos diretos. Fazendo os ajustes necessários, nós eliminaremos a confusão.

Uma necessidade de maior supervisão ou gerenciamento de atividades também pode ser o resultado de conflito não resolvido. Como o desentendimento entre membros da equipe ou do grupo desacelera o trabalho e até mesmo interfere no desempenho, o supervisor deve intervir e pausar suas outras atividades para acabar com o desentendimento, ou assumir o controle da tarefa e designá-la para outros membros da equipe. Isso não só exige que o supervisor dedique tempo e esforço para treinar o novo grupo, mas também, em alguns casos, exige que o supervisor faça parte ou todo o trabalho para cumprir o prazo.

Quando conflitos dentro de um departamento ou de uma equipe ocorrem ocasionalmente, a motivação, o entusiasmo e a lealdade à empresa raramente são afetados. Contudo, esses principais componentes de um ambiente de trabalho tranquilo são seriamente prejudicados quando conflitos dentro do grupo são recorrentes. Se os funcionários têm de lutar repetidamente uns

Conflito — Uma oportunidade de crescimento

contra os outros, a motivação diminui. Isso não só se manifesta em faltas, atrasos e rotatividade, conforme já foi observado, mas também discussões constantes sobre um problema após outro aumentam a discórdia, diminuem o respeito dos funcionários por seus supervisores e pela gerência e reduzem a lealdade à empresa. Nos locais de trabalho onde não há um sindicato, isso pode levar os trabalhadores a formar um ou se associar a um. Onde há um sindicato de trabalhadores, conflitos recorrentes também podem se transformar em mais acusações formais (veja o Capítulo Seis).

Os efeitos imensuráveis dos conflitos também podem se manifestar fora da empresa. Esse tipo de problema envolve oportunidades perdidas e possível perda de participação no mercado. A Creative Concepts Ad Agency estava competindo por um contrato com uma empresa líder no mercado de pequenos aparelhos elétricos. Os membros da equipe do departamento de redação publicitária e do departamento de arte não conseguiam concordar sobre a apresentação. Cada grupo estava certo de que sua proposta era superior. Quando eles chegaram a um acordo, uma empresa concorrente havia feito sua apresentação e fechado o contrato.

Um local de trabalho onde há discórdia também pode ganhar uma imagem ruim na indústria ou no mercado. Quando há muitos conflitos em uma empresa, isso não fica em segredo por muito tempo. Pessoas de outras empresas ficam sabendo disso por aquelas que saíram da empresa duvidosa e se candidataram a empregos nas delas. Clientes percebem isso quando seus pedidos são entregues com atraso ou errados, ou quando o serviço que recebem é abaixo da média. Uma imagem ruim pública

Como resolver conflitos em sua vida

torna difícil para a empresa atrair funcionários qualificados e, muitas vezes, até mesmo novos clientes.

Como já foi mostrado, um requisito para o sucesso de qualquer empreendimento é um ambiente harmonioso. Conflito não só destrói essa harmonia, como também tem ramificações que vão muito além da situação imediata.

> *A verdade é que nossos melhores momentos tendem a ocorrer mais quando estamos nos sentindo profundamente desconfortáveis, infelizes ou insatisfeitos. Porque é apenas nesses momentos, impulsionados por nosso desconforto, que estamos propensos a sair de nossas rotinas e começar a procurar caminhos diferentes ou respostas mais verdadeiras.*
>
> — M. SCOTT PECK

Construindo confiança por meio do conflito

Ironicamente, nós temos uma oportunidade de melhorar o relacionamento após uma situação de conflito. Pense na vez em que seu carro teve de ser devolvido à revendedora para conserto. Nós podemos ter ficado frustrados e aborrecidos com essa situação. Se a revendedora lidou bem com a situação, nós a preferiremos em vez de procurar por outra no futuro. Teremos a segurança de que, se houver um problema, ele será resolvido. Para chegar a esse nível de confiança em situações de conflito, devemos ter capacidade de:

Adaptação

Nada é mais irritante do que estar em conflito com outras pessoas rigidamente presas às próprias ideias e não estão dispostas a se adaptar a uma determinada situação. Esteja disposto a examinar o cenário objetivamente e deixar de lado ressentimentos, preconceito e pensamento inflexível.

Assim como há dois lados em um conflito, há duas formas de se engajar objetivamente nele. Nós podemos ser o lado inflexível, ou os outros podem ser os cabeças-duras.

Com frequência acreditamos que nossas ideias ou posicionamentos estão certos; portanto, qualquer um que discorde disso deve estar errado. É fácil cair nessa armadilha, especialmente para pessoas que lidaram com problemas parecidos no passado. Estamos tão seguros de nós mesmos que nos recusamos a até mesmo considerar pontos de vista diferentes. Esse tipo de pensamento não leva a lugar algum. Precisamos normalizar e examinar objetivamente conceitos diferentes dos nossos. Estude novas ideias sem prejulgamentos. Pode ser que ainda não as aceite, mas sua decisão será baseada nos méritos delas, não em seus preconceitos.

É mais difícil quando pessoas inflexíveis não estão dispostas a examinar nossas ideias objetivamente. Não é fácil superar a atitude delas. Para ganhar a aceitação dessas pessoas, devemos usar todas as nossas habilidades de persuasão.

Como resolver conflitos em sua vida

Manter o relacionamento cordial

Só pelo fato de termos pontos de vista contrários, não precisamos tratar uns aos outros fria e rudemente. Comportamento hostil só aumenta o ressentimento. Tente se conectar com a outra pessoa de maneira humana. Seguindo os princípios de Dale Carnegie de como fazer amigos e influenciar pessoas (veja o Apêndice B), podemos manter um clima cordial, amigável, cooperativo e colaborador em nosso ambiente de trabalho.

Encontrar valores em comum

Às vezes aqueles em conflito acabam por se concentrar em questões menores do problema. Se nós nos concentrarmos no que é mais importante para a outra pessoa e procurarmos valores em comum, muitas vezes conseguiremos encontrar um modo de resolver o conflito.

Barry reclamou com Ed, o gerente de vendas, dos novos formulários de relatório de vendas. "Isso é ridículo", disse. "Isso vai levar horas para ser preenchido — um tempo que seria mais bem empregado visitando clientes. Nós não precisamos anotar todas essas informações."

Ed respondeu: "Sim, o novo formulário demorará mais para ser preenchido, mas vamos examinar o que este nos fornece e que o antigo não fornecia." Ed explicou por que as informações adicionais eram necessárias e como Barry poderia usá-las para servir aos clientes e aumentar seu volume de vendas. Quando Barry entendeu isso, prontamente o aceitou.

Conflito — Uma oportunidade de crescimento

Agir de acordo com o que ouvimos

Se uma pessoa tem um problema conosco e está convicta disso o suficiente para expressá-lo, é nossa responsabilidade como profissionais agir de acordo com a comunicação estabelecida. Nós demonstramos boa-fé tentando encontrar uma solução mutualmente aceitável para o conflito.

Logo depois que Fred foi contratado para supervisionar o departamento de tecnologia da informação, ele notou que Jordan, um de seus técnicos, constantemente discordava de todas as decisões que ele tomava. Mesmo após uma conversa detalhada sobre as vantagens da decisão, Jordan só a aceitava relutantemente. Sua falta de entusiasmo levou à lentidão na implementação da mudança. Apesar de todos os seus esforços para convencer Jordan, Fred só piorou a situação. A atitude negativa de Jordan — aparentemente em relação a tudo — afetou a capacidade de Fred de administrar eficazmente seu departamento. Fred reconheceu que precisava de ajuda em seu relacionamento com Jordan, por isso levou o problema ao conhecimento de Lisa, a gerente de recursos humanos. Ela investigou a situação e descobriu que Jordan esperara ser promovido a gerente de TI e se ressentia de Fred, uma pessoa de fora, ter sido contratado para o cargo. Até então, o trabalho de Jordan, embora não extraordinário, fora muito bom, e ele era considerado um bom funcionário. Havia recebido treinamento adicional e estava progredindo bastante, mas nem seu chefe nem a gerente de RH o haviam considerado pronto para a promoção.

Lisa se sentou com Jordan e lhe explicou por que ele não havia sido promovido. Salientou que ele era um especialista em

Como resolver conflitos em sua vida

TI competente. Contudo, a promoção para o cargo de gerente não só exigia um bom trabalho, mas também ser um membro cooperativo da equipe. Ela lhe disse que a empresa tinha programas de desenvolvimento gerencial e que, se Jordan continuasse com seu bom trabalho e voltasse a ter sua atitude cooperativa, ele se tornaria qualificado e seria treinado para uma futura promoção.

Note que quando Fred reconheceu que havia um problema, primeiro tentou resolvê-lo sozinho. Quando isso não funcionou, levou a questão para a equipe de recursos humanos, que tinha expertise e objetividade para lidar com Jordan e resolver o problema.

Fazer um acompanhamento

Nós não podemos simplesmente sair de uma discussão e esperar que tudo se resolva. As pessoas precisam de tempo para esfriar a cabeça e processar soluções. Quando chegarmos a uma resolução, devemos fazer um acompanhamento da outra pessoa e verificar se superamos o conflito em nosso relacionamento.

Por exemplo, na situação de Fred-Jordan que discutimos, é importante que Fred de tempos em tempos verifique se Jordan está fazendo o esperado. Ele não pode presumir, por tudo parecer bem, que todo o ressentimento de Jordan tenha se dissipado.

Depois de sua reunião com Jordan, Lisa fez um resumo para Fred e chamou os dois para uma reunião, a fim de se certificar de que ambos entendiam e concordavam com os próximos passos. Fred se esforçou bastante para trabalhar com Jordan nas

Conflito — Uma oportunidade de crescimento

mudanças que estava implementando. Nos anos seguintes, embora Jordan e Fred nunca tenham se tornado amigos íntimos, eles trabalhavam cooperativamente como uma equipe e Fred conseguiu orientar Jordan de forma bem-sucedida em sua preparação para uma possível promoção.

Mudar nosso mindset

Como podemos esperar que os outros mudem se nós mesmos não conseguimos? Certa vez, alguém disse que a definição de insanidade é fazer a mesma coisa, repetidamente, e esperar resultados diferentes.

Quanto mais nós encararmos o conflito como um obstáculo, mais atribuiremos conotações negativas à situação e às pessoas envolvidas. Devemos examinar atentamente nosso mindset e substituir nossa negatividade por pensamento positivo. Quando tentamos ver todos os conflitos como oportunidades, vemos quanto esse pensamento positivo reforça nossa atitude positiva.

Diálogo interno positivo *versus* negativo

As palavras que usamos para "falar" com nós mesmos sobre os obstáculos que enfrentamos têm um grande poder de moldar nossa atitude em relação a eles.

Podemos não perceber isso, mas estamos sempre falando com nós mesmos. O que nos dizemos subconscientemente é projetado em nossa mente consciente e efetivamente faz nossas

Como resolver conflitos em sua vida

escolhas por nós. Se tivermos pensamentos negativos sobre uma situação, agiremos negativamente. Se tivermos pensamentos positivos, reagiremos positivamente.

Por exemplo, se dissermos "Essa tarefa é difícil demais para mim", nossa chance de realizá-la com sucesso é pequena. Pergunte a qualquer representante de vendas o que acontece quando ele diz para si mesmo ao encontrar um possível cliente: "Eu não fiz uma venda quando a abordei antes, por isso provavelmente estou perdendo meu tempo." Ele provavelmente *está* perdendo seu tempo.

Contudo, mude o pensamento do representante de vendas para: "Na última vez em que a abordei, não fiz a venda, mas aprendi mais sobre essa empresa. Hoje vou conseguir o contrato."

Nesse momento, as chances de fazer a venda aumentaram exponencialmente.

Pense na diferença entre estas afirmações:

Negativa: "Aquela pessoa tem algo contra mim. Não importa o que eu faça, sempre discute comigo."

Positiva: "Tenho de me esforçar muito para descobrir como atender às expectativas daquela pessoa."

Negativa: "Eu não suporto trabalhar com aquele cliente."

Positiva: "Eu estou certo de que posso encontrar um modo de melhorar meu relacionamento com aquele cliente."

Seja seletivo

Conflitos constantes com outra pessoa podem desencadear uma longa lista de problemas. E eles não podem ser todos abordados de uma só vez; as pessoas entram em um modo defensivo quan-

Conflito — Uma oportunidade de crescimento

do têm de lidar com muitas preocupações ao mesmo tempo. Precisamos escolher aqueles que fariam maior diferença se mudados, e simplesmente abandonar outras "batalhas" ou decidir travá-las em outro momento.

> *Deus, concedei-me serenidade para aceitar as coisas que não posso mudar, coragem para mudar aquelas que posso e sabedoria para distinguir umas das outras.*

> — REINHOLD NIEBUHR

Concentre-se no que pode mudar

Nas situações mais conflituosas, a única coisa que podemos mudar é o nosso próprio comportamento e as decisões sob o nosso controle. Não podemos mudar outras pessoas, suas empresas ou suas atitudes mais do que podemos mudar o clima.

Quantas vezes ouvimos o seguinte:

> "Por que eles fazem o que fazem?"
> "Por que essa pessoa é assim?"
> "Por que nós temos de tolerar os defeitos deles?"

Psicólogos talvez tenham algumas respostas prontas para essas perguntas, mas cada pessoa é um indivíduo com pensamentos, motivações e comportamentos muito complexos. Em vez de passarmos nosso tempo analisando os outros, é mais produtivo nos concentrarmos em nós mesmos e em nossas contribuições para a situação em questão.

Como resolver conflitos em sua vida

Lembre-se de que os conflitos são situações de mão dupla. Quando planejamos nossa estratégia, geralmente nos concentramos na abordagem de nosso oponente e tentamos mudá-la. Vamos repensar isso. No final, queremos atingir um objetivo que é melhor para nós. Contudo, a maioria dos conflitos não é uma situação de soma zero, em que um ganho de um lado exige uma perda correspondente do outro. É óbvio que às vezes esse é o caso, mas frequentemente podemos chegar a uma solução em que todos ganham. Para alcançar isso, cada parte deve estar disposta a ceder um pouco e assim chegar a um acordo. Esse ajuste consiste em ambas as partes aceitarem mudanças em suas expectativas. Para estarmos preparados em relação a ceder, devemos reavaliar nossos pontos e determinar quais são centrais e quais podem ser mudados.

Concentre-se no longo prazo

Parte de controlar nossa atitude em momentos de conflito envolve ter um olhar geral. Mais cedo ou mais tarde, o desentendimento tende a ficar para trás. Qual seria o retorno do nosso investimento de tempo e esforço hoje em um relacionamento produtivo de longo prazo com essa pessoa?

Visando "ganhar" uma discussão, frequentemente fazemos ou dizemos coisas que envenenam relações futuras com nosso oponente. Podemos ganhar a batalha, mas acabamos cavando nossa derrota na guerra.

O sindicato apresentou uma queixa contra a P&Q Plastics quando a empresa demitiu Cathy, uma representante sindical,

Conflito — Uma oportunidade de crescimento

por excesso de faltas. Os representantes do sindicato alegaram que as faltas de Cathy eram permitidas pelo contrato porque ela estava envolvida com o trabalho sindical. Seu supervisor mostrou que as faltas eram quase todas nas segundas-feiras — de certo modo, uma extensão de seus fins de semana —, e que o sindicato não tratava de nenhum assunto naqueles dias. A empresa levou o problema para a arbitragem e ganhou o caso. A demissão de Cathy foi homologada.

Os executivos da empresa ficaram felizes em vencer e se livrar de Cathy. Como disse o gerente de RH para o diretor executivo: "Isso mostrará ao sindicato que nós não deixaremos que tirem vantagem de nós." A batalha foi vencida, mas a guerra não acabou. Dali em diante, os representantes sindicais foram instados pelos sindicatos a denunciar qualquer mínima infração do contrato, o que resultou em consideráveis custos adicionais de tempo e dinheiro.

As dificuldades servem para despertar não para desencorajar. O espírito humano se fortalece no conflito.

— WILLIAM ELLERY CHANNING,
TEÓLOGO

Mantendo bons relacionamentos pós-conflito

Quando tentamos reduzir conflitos em nossa vida profissional, é importante mantermos um clima leve no ambiente depois que o desentendimento for resolvido. Esses passos servem para evitar que ele se repita e também nos impedir de realizar ações que criem conflitos desnecessários.

Como resolver conflitos em sua vida

Faça um esforço a mais

As pessoas percebem quando nós apenas nos limitamos a manter um relacionamento na esfera profissional e quando estamos dispostos a fazer o que for preciso para melhorá-lo. Muitos analistas organizacionais chamam isso de "fazer um esforço a mais". Precisamos nos lembrar de sempre exceder as expectativas de nossos colegas. Esse é o caminho mais seguro para impedir o surgimento de conflitos.

Anteriormente neste capítulo, lemos sobre o conflito entre Fred, o supervisor de TI, e seu técnico, Jordan. Devemos nos lembrar de que a gerente de RH sugeriu que Jordan participasse de alguns seminários sobre relações interpessoais, financiados pela empresa. Jordan entendeu a mensagem e prometeu mudar de atitude.

Lembre-se de que Fred fez o que pôde para trabalhar com Jordan, encorajando-o a participar dos seminários e fazendo um esforço a mais sendo seu mentor. Isso não só melhorou o relacionamento entre eles, como também preparou Jordan para a promoção.

Seja flexível

Não há nenhuma garantia de que os conflitos não ressurgirão mesmo que pensemos tê-los superado. Velhos ressentimentos e mágoas são difíceis de desaparecer totalmente. Às vezes não é preciso muito para nos vermos novamente em conflito com um colega, cliente, fornecedor ou concorrente. Nessas circuns-

Conflito — Uma oportunidade de crescimento

tâncias nosso desafio é ser flexíveis. Deixe a situação seguir seu rumo e evite ficar preso a seu modo de ver as coisas.

Quanto devemos ser flexíveis? Flexibilidade não significa ceder em coisas que constituem nossa ética ou nossos princípios morais, nem desrespeitar a lei para chegar a um acordo.

Christopher havia trabalhado muito e por bastante tempo para obter um subcontrato de um fabricante para produzir um componente. Pouco antes de sua reunião com o tomador da decisão final, foi-lhe dito que para fechar o acordo esperavam que ele fizesse uma grande doação para a "instituição de caridade favorita" daquele executivo.

Christopher ficou chocado. Embora sua empresa tivesse uma verba para caridade, tais gastos só poderiam ser feitos com organizações de boa reputação, e jamais como um meio de fechar uma venda. Ele reportou esse pedido para seu gerente, ressaltando que aquilo era certamente antiético e talvez ilegal. Christopher disse: "Esse contrato não é tão importante para mim — e espero que para nossa empresa também não — quanto manter nossos padrões éticos." Seu chefe concordou e eles desistiram do negócio.

Olhe para a situação do ponto de vista da outra pessoa

Quando advogados se preparam para processos judiciais, frequentemente se preparam para o processo a partir do ponto de vista dos advogados oponentes, como se estivessem representando a oposição. Dessa forma, conseguem prever a estratégia

Como resolver conflitos em sua vida

do oponente no julgamento. Do mesmo modo, quando de fato tentamos ver a situação do ponto de vista conflitante, podemos ganhar um maior entendimento e ver mais saídas possíveis.

Respeite seu oponente

Não deveríamos buscar apenas entender a perspectiva de nosso oponente, mas também é importante mostrarmos respeito por sua posição ou suas ideias. Desprezá-las pode gerar ressentimentos que não levam a bons relacionamentos no futuro.

Depois de muita reflexão, Don tomou uma decisão sobre como apresentar o novo produto. Ele compartilhou a decisão com as duas subordinadas encarregadas de implementar a ideia. Emma a acolheu com grande entusiasmo, mas Ann pareceu infeliz e expressou sua dúvida sobre se aquilo daria certo.

Nas discussões iniciais sobre o projeto, Ann havia sugerido uma abordagem diferente da de Don, que ele descartou como inviável. Ann sentiu que Don não havia dispensado a devida atenção às suas ideias. Ela pensou: "Ele nem mesmo me deu uma chance de convencê-lo. Ele não me respeita."

Independentemente de a sugestão de Ann ser ou não uma alternativa viável, Don deveria ter reconhecido que para obter sua total cooperação, não só nesse projeto, mas também em futuras relações com ela, deveria ter dedicado um tempo a ouvir suas ideias de forma objetiva e discuti-las com atenção. Isso poderia ter resultado em aceitar algumas das ideias de Ann e, se não aceitasse, ainda lhe daria uma oportunidade de expli-

Conflito — Uma oportunidade de crescimento

car seus motivos para rejeitá-las. Mesmo que Ann não ficasse feliz com a decisão, pelo menos sentiria que Don a respeitava e estaria aberto às suas ideias no futuro.

A empatia é uma via de mão dupla. Às vezes as pessoas fazem coisas erradas por motivos que não conseguimos entender. Se estamos em conflito com as ações de alguém, deveríamos nos esforçar para entender a intenção da pessoa.

> *Se você não consegue ter empatia e êxito em relacionamentos, não importa quanto seja inteligente, não irá muito longe.*
>
> — Daniel Goleman

Resumo

- Há muitos exemplos de como nosso crescimento pode ser freado por conflitos. Nós podemos descobrir que membros influentes de nossa organização discordam de nós, que circunstâncias que nos favoreciam subitamente mudaram, ou que rivais puseram obstáculos em nosso caminho.
- Conflitos não resolvidos frequentemente têm efeitos negativos em uma organização, tanto quantificáveis quanto imensuráveis.
- A produtividade diminui, uma vez que as partes em conflito tendem a desacelerar e ter dificuldade em tomar boas decisões. A motivação para buscar a excelência mingua.

Como resolver conflitos em sua vida

- A perda de produtividade também pode resultar em descumprimento de prazos, atrasos em entregas e insatisfação dos clientes.
- Funcionários infelizes e frustrados tendem a faltar mais, se ausentando por doença ou motivos pessoais. Eles também podem deixar a empresa. Substituí-los não só consome tempo, como também é dispendioso.
- Conflitos entre pessoas tendem a se perpetuar como discordâncias sobre questões do dia a dia.
- A confiança e o respeito dentro da organização são prejudicados.
- Com frequência, os conflitos exigem que os gerentes se concentrem nas pessoas envolvidas e seu(s) problema(s), tirando tempo de suas outras atividades.
- Um local de trabalho cheio de tensão tem má reputação dentro da comunidade. Funcionários em potencial procuram emprego em outros lugares e outras empresas tendem a escolher outros fornecedores.

Quando nós enfrentamos e superamos conflitos, nossa experiência diária melhora e toda a nossa empresa se beneficia. Nós temos assim uma oportunidade de levar um relacionamento a um nível mais alto de confiança. Para resolver problemas:

- Devemos estar dispostos a olhar para a situação de maneira objetiva e deixar de lado ressentimentos, preconceitos e pensamento inflexível.
- Devemos tratar uns aos outros com cordialidade e educação, mesmo se tivermos pontos de vista contrários. A rispidez aumenta o ressentimento.

Conflito — Uma oportunidade de crescimento

- Devemos nos concentrar nos valores que temos em comum com a outra pessoa.
- Devemos responder à tentativa de comunicação de outra pessoa quando ela tem um problema conosco e está convicta disso o suficiente para expressá-lo.
- Devemos transmitir mensagens positivas a nós mesmos. Se tivermos pensamentos negativos, agiremos de maneira negativa. Se tivermos pensamentos positivos, reagiremos positivamente.
- Precisamos escolher os problemas que fariam mais diferença se mudados e deixar as outras "batalhas" para depois.
- Devemos nos esforçar para mudar nosso comportamento e decisões sob nosso controle. Não podemos mudar outras pessoas, suas empresas ou suas atitudes.
- Devemos considerar o retorno de nosso investimento de tempo e esforço hoje em um relacionamento produtivo de longo prazo com nosso oponente.
- Quando tentamos reduzir conflitos em nossa vida profissional, é importante mantermos relacionamentos positivos depois que o conflito for resolvido.

CAPÍTULO DOIS

Técnicas de resolução de conflitos

Quando os conflitos no local de trabalho chegam a um ponto em que interrompem ou prejudicam as relações internas ou externas com clientes, o supervisor deve intervir e ajudar a resolver o problema.

A maioria desses conflitos se origina de problemas no ambiente de trabalho, como preocupações com processos de produção, design e desenvolvimento, vendas ou técnicas de marketing, problemas com funcionários e outros do gênero. Outros conflitos no local de trabalho são causados por relações pessoais entre membros da equipe. Neste capítulo, discutiremos como lidar formalmente com conflitos que ocorrem no trabalho. Conflitos pessoais serão abordados no próximo capítulo.

Os conflitos mais intensos, se superados, deixam uma sensação de segurança e calma que não é facilmente perturbada. Apenas esses conflitos intensos e sua conflagração são necessários para produzir resultados valiosos e duradouros.

— CARL GUSTAV JUNG

Como resolver conflitos em sua vida

Mobilizando uma terceira parte

Em virtude de todos os efeitos prejudiciais dos conflitos em uma empresa, é essencial que sejam estabelecidas medidas para lidar com eles, quando surgirem. Quando métodos informais fracassam, há alguns modos mais estruturados de restaurar a paz e o nível de produtividade da empresa. Dois dos métodos frequentemente usados são a mediação e a arbitragem.

Mediação

Mediação é um processo no qual uma terceira parte neutra age como um facilitador, ajudando a resolver um desentendimento entre duas ou mais partes. É uma abordagem não confrontativa da resolução de conflito em que as partes em geral se comunicam diretamente uma com a outra e com o mediador. O papel do mediador é facilitar a comunicação entre as partes, ajudá-las a se concentrar nos reais problemas da discórdia e apresentar alternativas para resolvê-los.

Há a mediação quando o custo do conflito para a empresa excede limites razoáveis e aceitáveis e quando as partes envolvidas atingiram o limite de sua capacidade de conter ou controlar o conflito. Um critério importante para a mediação ser bem-sucedida é que todas as partes estejam abertas ao processo e à possibilidade de se chegar a um acordo.

A mediação não é limitada a desentendimentos entre colegas. É usada em várias situações, entre elas:

Técnicas de resolução de conflitos

- desentendimentos entre administração e funcionário;
- conflitos entre equipes;
- conflitos dentro de uma equipe;
- facilitação e planejamento organizacional;
- disputas entre administração da empresa e sindicato;
- conflitos entre empresas.

A mediação não é viável quando:

- não há nenhuma questão negociável;
- é frívola ou oportunista;
- requer uma decisão legal;
- atingiu um nível incontornável;
- uma parte está agindo de má-fé e não se pode chegar a um meio-termo;
- há um temor de violência.

Mediação de supervisores

Supervisores e líderes precisam encontrar um método de mediação que se encaixe em seu estilo de administração e sirva aos membros da equipe.

Vamos examinar como Mark, um líder de equipe, lidou com um conflito de ideias entre dois membros do grupo, Andy e Candy.

Depois de receberem uma tarefa, Andy e Candy discutem o projeto e não conseguem entrar em um acordo de como deveria ser conduzido. Ambos procuram Mark, o líder da equipe, para mediar o problema.

Como resolver conflitos em sua vida

Na mediação, cada parte apresenta sua versão do problema e o mediador trabalha com ambas para encontrar uma solução mutuamente satisfatória.

Mediação não é medicação. Não é um remédio que você dá a um paciente para curar uma doença. É um processo que leva tempo — e muitas vezes não há tempo hábil para resolver o problema.

Vejamos como Mark mediaria essa disputa. Para a resolução do conflito mediado funcionar, todas as partes envolvidas devem ter total ciência do procedimento a ser seguido. Ambas as partes devem entender perfeitamente a abordagem ou ela não será bem-sucedida.

Primeiro, Candy explica como ela vê a situação. Você poderia pensar que o próximo passo é Andy fazer o mesmo, mas não é. Em vez disso, é pedido a Andy que diga o que compreendeu do ponto de vista de Candy.

O motivo para esse passo é que, quando Candy apresenta seu ponto de vista, Andy (se for uma pessoa teimosa e irritada) provavelmente só a escuta em parte. Ele provavelmente está pensando no que planeja dizer para refutar o argumento de Candy. Estando ciente de que tem de reproduzir os pontos de vista dela, Andy sabe que precisa ouvi-la atentamente. Além disso, o processo de afirmar em voz alta a proposta do oponente força o orador a examinar e articular mentalmente o raciocínio do outro. Isso pode ajudar o orador a internalizar e entender a posição do outro, o que facilita uma chegada tranquila a um acordo.

Além disso, fazer Andy repetir o lado de Candy da história permite que quaisquer mal-entendidos sejam elucidados antes de Andy apresentar seus pontos de vista. É surpreendente a

Técnicas de resolução de conflitos

frequência com que os conflitos são causados por simples mal-
-entendidos. O mesmo processo então se segue com Andy
afirmando seus pontos de vista e Candy os reproduzindo.

Durante essa discussão, Mark (como mediador) faz anota-
ções. Depois que Andy e Candy apresentam seus lados, Mark
revê com os participantes o que anotou. Mark poderia comen-
tar: "A meu ver, vocês dois concordam em oitenta por cento
quanto à implementação do projeto. Agora vamos observar os
pontos em que discordam." A maioria das disputas tem muito
mais áreas de concordância do que discordância. Identifican-
do essas áreas, Mark pode ajudar as partes a ver que seus pontos de vista na verdade não são tão diferentes, e que podem se
concentrar em questões que precisam ser resolvidas, lidando
com uma de cada vez.

Como o tempo é limitado, e para ajudar a garantir que as
partes não se desviem das questões importantes, deve se estabelecer um limite de tempo para essas reuniões. Suponha que sejam
designadas duas horas para a primeira reunião. Ao fim desse
tempo determinado, ainda pode haver vários itens a serem discutidos. Outra reunião deve ser marcada para isso. Candy e Andy
devem ser encorajados a, nesse meio-tempo, se encontrarem
para trabalhar em alguns dos problemas. Frequentemente, depois
que um clima de compromisso é estabelecido, muitas questões
podem ser resolvidas antes da próxima reunião formal.

Digamos que a próxima reunião esteja determinada a durar
uma hora, e mais problemas sejam resolvidos. Se o projeto
precisa ser iniciado, esse pode ser o único tempo disponível. Se
ainda restarem alguns problemas não resolvidos, Mark terá de
mudar seu papel de mediador para árbitro e tomar as decisões.

Como resolver conflitos em sua vida

A melhor maneira de arbitrar será descrita mais à frente neste capítulo.

Mediação de outras terceiras partes

Algumas disputas são mais bem resolvidas em um processo mais formal, conduzido por alguém da empresa que não seja o supervisor direto, ou por um especialista em mediação externo. Vamos estudar como esse processo pode funcionar.

1. Observações iniciais do mediador

David é um mediador experiente. Ele começa a reunião se apresentando e pedindo que os participantes digam seus nomes e seus cargos. Sabe que é importante começar de modo amigável e preparar o terreno para uma discussão aberta e cooperativa. Ele descreve brevemente seu papel como mediador e demonstra ou reforça sua neutralidade.

Então David anuncia os procedimentos do seu plano. Ele diz: "Eu revi o problema que devemos avaliar e estabeleci um projeto preliminar." Ele dá a cada participante uma cópia do planejamento e, depois que eles a leem, pergunta: "O que vocês acham? Há algo que gostariam de acrescentar?" Então eles determinam o tempo apropriado para a reunião.

2. Regras básicas

As organizações que fornecem serviços de mediação têm estabelecido regras básicas. Os participantes recebem cópias dessas regras antes da reunião. David pergunta se há alguma pergun-

Técnicas de resolução de conflitos

ta sobre essas regras para se certificar de que não haverá mal-entendidos. Se tudo estiver certo, ele pode perguntar se há regras adicionais que os participantes possam desejar. Ele também faz afirmações parecidas com as que vêm a seguir, fornecendo as bases sobre as quais a mediação acontecerá:

- Todos os envolvidos provavelmente têm sentimentos pertinentes ao problema e terão uma oportunidade de expressá-los. Nós entendemos que esses sentimentos não são certos nem errados, simplesmente existem.
- Nós seremos respeitosos. Não xingaremos, não usaremos linguagem ameaçadora ou abusiva e não faremos generalizações uns sobre os outros.
- Nós nos esforçaremos ao máximo para chegar a um acordo.
- Nós cumpriremos o acordo a que chegarmos.

David consegue que todas as partes concordem em cumprir as regras básicas. Se as pessoas não concordarem com isso, provavelmente não estão dispostas a se engajar na mediação de boa-fé, e o mediador deverá suspender a reunião.

3. Apresentação do problema por todas as partes

Quando as colocações preliminares forem concluídas, cada parte terá a oportunidade de contar sua versão da história sem interrupções. Em geral, a pessoa que solicitou a mediação fala primeiro. Como mediador, David não interromperá o orador nem fará perguntas nesse momento. Ele pode estabelecer um limite de tempo e alertar quem está falando quando esse limite estiver prestes a ser atingido.

Como resolver conflitos em sua vida

Como observado no exemplo dado anteriormente neste capítulo, o mediador pode pedir à parte oposta que apresente o que entendeu dos pontos de vista que acabaram de ser expressos para assim elucidar quaisquer mal-entendidos. Então, o lado oposto apresentará seu ponto de vista e a primeira parte expressará seu entendimento.

4. Coleta de informações pelo mediador

Depois de ouvir os dois lados, David fará quaisquer perguntas que tenha sobre o argumento de cada pessoa. Além dos fatos acerca da situação, essa é uma oportunidade de o mediador ver os problemas da perspectiva das partes e verificar o estado emocional de cada uma.

As melhores perguntas são as que exigem respostas discursivas, que permitem ao mediador obter o máximo de informações que puder sobre as questões-chave e ideias de cada parte. Seu objetivo é ficar atento a fatos e sentimentos e conseguir diferenciá-los. Algumas perguntas que David pode fazer são:

- O que realmente aconteceu?
- O que você acha?
- Por que você acha isso?
- Pode dar um exemplo específico?

Para elucidar quaisquer mal-entendidos, ele frequentemente resume ou repete: "Então, o que eu estou ouvindo você dizer é..."

Técnicas de resolução de conflitos

5. Identificação do problema e acordo

Tendo reunido as informações em jogo, David procura objetivos comuns às duas partes. Observa em quais aspectos da situação as partes concordam e chega a um acordo mútuo delas de que não há nenhuma necessidade de discuti-los mais. Ele salienta aspectos sobre os quais há alguma concordância e sugere que sejam discutidos primeiro, porque são menos controversos e sua resolução acelerará o processo. Na maioria das vezes, os participantes concordam com esse processo.

O conflito é inevitável, mas o combate é opcional.

— MAX LUCADO, PASTOR E ESCRITOR

6. Criando opções

Os métodos usados para apresentar soluções possíveis variam, dependendo das necessidades das partes. Opções típicas incluem:

Cenários hipotéticos. Para fornecer cenários hipotéticos, o mediador pede aos participantes que sugiram uma a qual descreva o cenário ideal. Então o mediador facilita a conversa unindo os cenários em uma imagem com que todos possam concordar.

Caucus. Um método muito eficaz para resolver conflitos profissionais pode ser livremente referido como "caucus". Em um caucus, uma questão ou "causa" prioritária é definida. Todas as opções e todos os acordos têm em vista a prioridade estabelecida. Por exemplo, em uma disputa entre dois gerentes sobre um problema interno da empresa, a prioridade pode ser o que

Como resolver conflitos em sua vida

é melhor para a empresa e não o que é melhor para os respectivos departamentos. Em um conflito sobre um problema de marketing, a prioridade pode ser o que é melhor para o cliente.

Mas muitas vezes não é fácil chegar a um acordo. Quando as partes estão irredutíveis, o mediador pode se reunir em particular com cada uma delas para fazer um brainstorm de possíveis soluções para o problema. Com base nas sessões individuais, o mediador fará então uma proposta.

Proposta do mediador. É melhor se as partes chegarem a um acordo sobre todos os problemas discutidos. No entanto, se esse acordo não for possível, o mediador pode propor um possível cenário e convidar os participantes a modificá-lo até todos concordarem com uma solução.

Negociação. Muitas pessoas envolvidas na mediação usam técnicas de negociação clássicas. As negociações podem facilmente sair do controle se não forem guiadas de modo cuidadoso pelo mediador. No Capítulo Seis, será discutido como a negociação pode ser usada de maneira eficaz.

7. Chegando a um acordo

Uma tática de mediação comumente usada para unir as partes é propor uma solução que "diminui a diferença" — fornecendo a cada parte um ou mais dos itens que ela deseja. Essa prática é mais comumente usada em questões quantificáveis. Por exemplo, em uma disputa de gestão do trabalho: o sindicato exige um aumento de dez por cento; a administração oferece dois por cento. Eles estabelecem um aumento de seis por cento. Outro

Técnicas de resolução de conflitos

exemplo seria a administração concordar em aumentar a contribuição da empresa para o fundo de pensão se o sindicato não exigir benefícios de assistência médica mais amplos. O perigo de usar uma solução que "diminui a diferença" é que os dois lados podem achar que perderam, em vez de sentir que ganharam.

Ao propor sua solução, o mediador prestará atenção aos "sinais de aceitação" das duas partes. Como um mediador experiente, David fica alerta a indicadores dos dois lados de que estão perto de chegar a um acordo. Por exemplo, digamos que David esteja mediando uma disputa entre Dorothy e Kevin sobre a compra de uma nova rede de computadores. Algumas questões foram resolvidas, mas eles ainda estão longe de concordar sobre o custo. David observa que, embora Kevin tenha indicado que o custo é alto demais, ele muda de assunto quando o custo é abordado. David interpreta isso como um "sinal de aceitação", que significa que o custo pode não ser tão importante para Kevin comparado a outras questões.

Para dar seguimento ao processo, David propõe uma sessão de brainstorm para explorar maneiras de se superar o problema do custo. Nessa sessão, Kevin revela sua preocupação com o serviço: "Nós vamos gastar muito dinheiro com essa rede." Mas Dorothy rebate, dizendo: "Kevin, o contrato com o fornecedor determina que nenhuma taxa pelo serviço será cobrada no primeiro ano, mas estou certa de que eles poderiam estender isso por dois anos, então a economia em taxas de serviço mais a segurança adicional valeriam a pena pelo preço que estão cobrando." As duas partes concordam que, se o fornecedor aceitar isso, o preço será aceitável.

Assim que há um acordo sobre a solução, David reforça a anuência dizendo: "Então, nós concordamos que essa é a melhor solução. (Aqui ele recapitula a solução.) Certo?"

Como resolver conflitos em sua vida

Se todas as partes concordarem, eles seguirão com a implementação da solução.

Se for apropriado, o mediador pode querer aproveitar a oportunidade para discutir o potencial de futuras discordâncias e maneiras de eles trabalharem juntos de modo mais eficaz.

> *Sempre que você está em conflito com alguém, há um fator que pode fazer a diferença entre prejudicar seu relacionamento e aprofundá-lo. Esse fator é a atitude.*
>
> — WILLIAM JAMES,
> PSICÓLOGO NORTE-AMERICANO

Diretrizes para uma mediação bem-sucedida

Quando alguém concorda em mediar uma disputa, espera-se que cada participante se engaje no processo com mente aberta e boa-fé. Os mediadores são escolhidos por acordo mútuo entre as partes devido à reputação de serem justos e não tenderem a favorecer nenhum dos lados. Eis algumas das responsabilidades importantes a serem consideradas.

As responsabilidades do mediador

O mediador é em grande parte responsável pelo sucesso ou fracasso do processo. Eis alguns comportamentos-chave que os mediadores devem ter para o sucesso da mediação:

- ouvir atentamente e fazer perguntas;
- não permitir interrupções;

Técnicas de resolução de conflitos

- ouvir seletivamente em busca de questões-chave;
- manter as linhas de comunicação abertas;
- permanecer neutro;
- manter o processo no rumo certo;
- ser justo e tratar igualmente as partes o tempo todo;
- facilitar uma solução.

As responsabilidades das partes antagonistas

Para o processo de mediação funcionar, as partes devem:
- estar sinceramente abertas à mediação;
- seguir as regras básicas;
- estar preparadas para descrever a situação de seus pontos de vista;
- ouvir a outra parte;
- ignorar comportamentos desviantes;
- ficar atentas às preocupações do outro;
- ser empáticas em relação às ideias e aos desejos da outra parte.

Não se vanglorie. Se seu colega ceder e concordar que você está certo, dê-lhe uma oportunidade de manter a dignidade. Diga, por exemplo: "Eu entendo por que você pensava assim antes de saber de todos os fatos." Lembre-se de que você tem de trabalhar com esse colega no longo prazo.

— ARTHUR R. PELL, PH.D.,
CONSULTOR DE RECURSOS HUMANOS

Como resolver conflitos em sua vida

Arbitragem

Há situações em que um problema não pode ser resolvido por mediação. Às vezes, as partes simplesmente não conseguem concordar e todas as tentativas do mediador de resolver o problema falham. Em outras ocasiões, contratos entre as partes envolvidas podem exigir arbitragem. Esse é frequentemente o caso em contratos de gestão de trabalho ou contratos entre empresas e subcontratantes, clientes ou fornecedores.

Na arbitragem, as partes apresentam sua versão do problema e um árbitro decide o que deveria ser feito para resolvê-lo. Na maioria das vezes, ambas as partes concordam previamente em aceitar a decisão do árbitro e, no geral, não cabe apelação.

Se David for chamado para arbitrar uma situação, ele tem de mudar seu mindset de conciliador para o de um juiz.

Há cinco passos principais para facilitar uma arbitragem:

1. Inteirar-se de todos os fatos. O árbitro deve ouvir atentamente os lados e tentar obter informações adicionais. Não se deve limitar a busca a "fatos concretos", mas também se inteirar de emoções e sentimentos ocultos.

2. Avaliar os fatos. Em posse do máximo de informações possíveis, o árbitro deve analisar a situação.

3. Estudar as alternativas. Ao elaborar uma solução, o árbitro deve perguntar: as sugestões feitas pelas partes são as únicas escolhas possíveis? Podem ser feitas concessões? Há outra solução possível?

4. Tomar uma decisão. Baseando-se na análise e avaliação dos argumentos de ambas as partes, o árbitro decide que providência deve ser tomada.

Técnicas de resolução de conflitos

5. Notificar as partes da decisão. Finalmente, o árbitro deve se certificar de que as partes entendam totalmente a decisão e como ela deve ser executada. A decisão deve ser por escrito. Se necessário, o árbitro pode ter de "vender" a solução para as partes a fim de que elas concordem e se comprometam a implementá-la.

Ao explicar como chegou a essa decisão, o árbitro deve tratar os participantes como adultos; explicar o(s) motivo(s) da decisão e elucidar mal-entendidos antes de sua implementação.

Comparando os dois processos

Uma grande diferença entre os processos de mediação e arbitragem é que na primeira as partes continuam a discutir sua situação durante todo o procedimento, e se engajam ativamente em encontrar uma solução com a orientação do mediador. Na arbitragem, entretanto, o árbitro age mais como um juiz. Ouve as evidências e os argumentos das partes e toma uma decisão, que deve ser cumprida pelas duas partes. A arbitragem pode ser considerada mais próxima de um litígio, em que a disputa é levada para uma terceira parte e resolvida por essa terceira parte.

> *Paz não é a ausência de conflito, mas a presença de alternativas criativas para responder ao conflito — alternativas a respostas passivas ou agressivas, alternativas à violência.*
>
> — DOROTHY THOMPSON, JORNALISTA
> E ESCRITORA NORTE-AMERICANA

Como resolver conflitos em sua vida

Resumo

- Mediação é um processo no qual uma terceira parte neutra age como um facilitador, ajudando a resolver uma disputa entre duas ou mais partes. É uma abordagem consensual de resolução de conflitos, em que as partes em geral se comunicam diretamente. O papel do mediador é facilitar a comunicação entre as partes e ajudá-las a se concentrar nos reais problemas do conflito e apresentar opções para resolvê-los.
- Para a resolução de conflito mediada funcionar, todas as partes envolvidas devem estar totalmente conscientes do procedimento a ser seguido. A menos que ambas as partes entendam perfeitamente o procedimento e estejam dispostas a se engajar na abordagem, ela não será bem-sucedida.
- O processo de mediação envolve as seguintes etapas:
  - o mediador e os participantes se apresentam;
  - regras básicas são estabelecidas e explicadas;
  - cada parte apresenta seu argumento;
  - os oponentes reproduzem os argumentos apresentados pela outra parte para garantir compreensão mútua;
  - o mediador faz perguntas para obter mais informações;
  - o mediador procura pontos de concordância;
  - o mediador dá opções;
  - chega-se a um acordo.
- A mediação bem-sucedida exige o compromisso do mediador e das partes conflitantes de terem mentes abertas, ouvirem objetivamente e participarem com sinceridade do processo.

Técnicas de resolução de conflitos

- Uma alternativa à mediação é a arbitragem. Na arbitragem, ambas as partes apresentam seu lado de um problema e um árbitro decide o que deve ser feito para resolvê-lo.
- As etapas seguidas por um árbitro são:
  1. inteirar-se de todos os fatos;
  2. avaliar os fatos e depois analisar a situação;
  3. estudar as alternativas;
  4. tomar uma decisão;
  5. notificar as partes da decisão e se certificar de que a entendem totalmente.

CAPÍTULO TRÊS

Personalidade e conflito

Divergências entre grupos de pessoas são inevitáveis e naturais. Como vimos no Capítulo Um, se não forem resolvidos, conflitos podem desperdiçar uma enorme quantidade de tempo e energia, além de resultar em perda de produtividade.

Para muitas pessoas, a reação natural ao conflito é apenas evitá-lo. Elas simplesmente escolhem deixar para lá a fim de manter o ambiente pacífico e cooperativo. Mas ao guardar nossas ideias contrárias para nós mesmos, podemos deixar de atingir nossos objetivos nos negócios ou impedir nosso progresso na empresa. Na verdade, podemos ganhar muito com aqueles de quem discordamos se aprendermos a ver nessas situações oportunidades de aprendizado e lidarmos com elas de modo agradável e profissional. De fato, pesquisas mostram que resolver divergências e problemas com colegas de trabalho ou em nossa vida pessoal, em última análise, resulta em mais respeito mútuo e relacionamentos mais positivos.

Como resolver conflitos em sua vida

Este capítulo fornece insights de nossa personalidade e nossas reações ao lidarmos com diferenças de opinião, particularmente as que envolvem "temas polêmicos". Nós aprenderemos a controlar nossas emoções, dar aos outros o benefício da dúvida e expressar nossas opiniões de maneiras que possibilitem aceitação, resultados agradáveis e maior produtividade. Além disso, aprenderemos a lidar com desavenças entre nossos colegas ou membros de equipe.

> *Tente com honestidade ver as coisas do ponto de vista da outra pessoa.*
>
> — DALE CARNEGIE

Perfil de personalidade: esse sou eu?

Para entender melhor a nós mesmos e como tendemos a participar dos conflitos, leia atentamente cada um dos itens a seguir e coloque um número da escala de respostas ao lado de cada afirmação.

1 — Raramente

2 — Às vezes

3 — Quase sempre

_____ 1. Eu posso ser convencido a adotar o ponto de vista de outra pessoa.

_____ 2. Eu me afasto das pessoas de quem discordo.

Personalidade e conflito

_____ 3. Quando surgem desavenças, lido com o problema diplomaticamente e não ataco o indivíduo.

_____ 4. Eu acho que os outros tentam me intimidar.

_____ 5. Eu expresso minhas ideias e crenças taticamente quando são diferentes das dos outros.

_____ 6. Em vez de dar minha opinião quando discordo, eu a guardo para mim mesmo.

_____ 7. Eu escuto o ponto de vista de outra pessoa com a mente aberta.

_____ 8. Quando discordo de alguém, tendo a deixar minhas emoções me dominarem.

_____ 9. Eu levanto minha voz para expressar meu ponto de vista durante uma discussão.

_____ 10. Eu tendo a menosprezar outras pessoas quando marco minha posição.

_____ 11. Eu procuro modos de negociar e chegar a um acordo com os outros.

_____ 12. Já me disseram que eu sou insistente demais.

_____ 13. Eu faço questão de dar minha opinião em toda controvérsia.

_____ 14. Eu acho que conflitos em reuniões são necessários.

_____ 15. Eu sou a pessoa que fala com mais asserção nas reuniões quando tento transmitir meu ponto de vista.

Pontuação:

Some os pontos das questões 1, 2, 4, 6, 8, 9, 10, 12, 13, 14 e 15, e em seguida subtraia desse total a soma da pontuação das

Como resolver conflitos em sua vida

questões 3, 5, 7 e 11. O número resultante é sua pontuação final. O que esse número significa?

1-4: Passivo — Você tende a evitar conflitos. É capaz de permitir que pessoas difíceis ou com opiniões diferentes façam o que querem apenas para evitar uma discussão, mesmo que o resultado dessa situação não seja satisfatório.

5-10: Assertivo — Você é assertivo profissionalmente quando lida com pessoas difíceis ou com opiniões diferentes. O meio-termo é uma posição positiva para se estar na escala: você expõe suas ideias sem ser polêmico. Você deve continuar aberto a ouvir pontos de vista diferentes e a expressar suas ideias e opiniões apropriadamente.

11 ou mais: Agressivo — Quando você não concorda com os outros, pode ser tão combativo que as pessoas evitam interagir com você por completo. Você se beneficiará aprendendo a ouvir e expressar suas opiniões de maneira mais eficaz.

Se você aprendeu como discordar sem ser desagradável, descobriu o segredo de se dar bem com os outros — seja nos negócios, seja nos relacionamentos familiares ou na própria vida.

— BERNARD MELTZER, COMENTARISTA DE RÁDIO

Personalidade e conflito

Entendendo reações ao conflito

Para a maioria das pessoas, surgem obstáculos à resolução de conflitos quando suas crenças e/ou convicções profundas são contestadas ou ameaçadas. Para ajudar a "apagar o incêndio" quando surgem desavenças, é útil entender as reações típicas ao conflito. Como observamos no Capítulo Três, o conflito afeta as pessoas envolvidas de várias maneiras. De fato, a maioria delas se sente desconfortável ao se deparar com uma situação conflituosa. A discussão a seguir identificará alguns dos tipos de reação a desavenças mais predominantes.

Uma reação comum a um problema é levá-lo para o lado pessoal, ou "torná-lo em algo sobre você", e quando fazemos isso, as emoções invariavelmente são intensas. Em vez de nos concentrarmos no problema, nós mudamos a ênfase para nosso oponente e o "ataque" contra nós.

Por exemplo, em uma discussão sobre métodos de apresentar um novo produto, Beth, a líder em estratégia de mercado da empresa, fez uma proposta. Megan, uma gerente de vendas regionais, menosprezou o plano de Beth. "É inviável", disse Megan. "Tudo teoria. Essa abordagem nunca dará certo na prática."

Teria sido melhor para a empresa se, em vez disso, Megan tivesse reagido expondo suas ideias sobre os prós e contras do plano. Ela deixou seus sentimentos de que Beth e todos os "especialistas em marketing" não apresentariam um plano pragmático melhor do que sua avaliação da situação. "Todos eles são teóricos; nunca estiveram cara a cara com um cliente", pensou.

Como resolver conflitos em sua vida

Beth deveria ter reagido perguntando a Megan as razões específicas pelas quais ela achava que o plano não daria certo. Mas Beth considerou a afirmação uma afronta pessoal. Tudo em que conseguiu pensar foi: "Essa Megan tem uma visão tão limitada. Ela acha que sabe todas as respostas, e se opõe automaticamente a qualquer ideia que nossa equipe de marketing apresente."

Aqueles que não conseguem distinguir problemas e discordâncias de afrontas pessoais tratam o conflito como algo contra elas. Não veem a questão com nitidez. Tendem a:

- estar convictos sobre o assunto em questão e nem sequer considerar pontos de vista contrários;
- ressentir-se de qualquer oposição;
- relutar em ceder em qualquer coisa;
- não assumir responsabilidade por causar o conflito;
- reagir ao conflito emocionalmente em vez de intelectualmente.

A menos que deixem essas reações emocionais de lado, o impasse não só não será resolvido, como provavelmente ocorrerá repetidas vezes. Nessa situação, os gerentes devem reconhecer que sua equipe não está enxergando o problema real e reconduzir as partes a uma discussão produtiva.

Outros podem não levar a desavença para o lado pessoal, mas se sentir isolados com a experiência. Acreditando que são os únicos que estão sentindo a tensão ou vendo o conflito, eles se afastam. Isso não ajuda em nada a mudar a situação.

Também há aqueles que presumem que são "a parte mais fraca" em qualquer tipo de conflito. No local de trabalho, isso

Personalidade e conflito

frequentemente assume a forma de uma crença em que o "oponente" tem mais influência. Eles acreditam que vão "perder" e não buscam uma solução para o problema. Deixando toda a equipe saber que sua opinião importa e fornecendo exemplos concretos de como manifestar da melhor maneira suas preocupações, o conflito pode ser abordado e resolvido.

Note que membros da equipe extremamente sensíveis podem precisar de uma orientação a mais sobre como compartilhar seus problemas com os outros. Os gerentes deveriam frequentemente perguntar a esses indivíduos sobre sua experiência na empresa.

As pessoas que fogem de problemas podem ser vistas como "evitadoras" de conflitos. Geralmente elas:

- preferem passar os problemas para outra pessoa do grupo;
- ficam chateadas quando se deparam com um conflito inevitável;
- acreditam que a liderança da empresa é responsável por lidar com o conflito.

Por outro lado, alguns indivíduos não fogem do conflito, mas anseiam pela batalha e apreciam o processo de confronto. Com frequência, essas pessoas acreditam sinceramente que estão certas, e não estão dispostas a aceitar outra solução. Por exemplo, Roger e seu gerente, Kyle, discordam firmemente sobre como lidar com um problema. Roger achou a solução sugerida por Kyle inadequada e tinha total certeza de que a ideia de Kyle para lidar com o problema não era o melhor modo de resolvê-lo. Nada poderia fazê-lo mudar de ideia. Kyle salientou

Como resolver conflitos em sua vida

que o custo da ideia de Roger era bem acima do orçament aprovado e, embora o custo alternativo mais baixo não fosse tão seguro quanto à escolha de Roger, serviria ao objetivo em curto prazo e lhes permitiria manter o trabalho fluindo. Ele pediu a Roger que aceitasse sua solução e prometeu fazer o possível para obter a aprovação de um orçamento maior para o plano de Roger ser futuramente considerado.

Deixando explícito que havia considerado o plano de Roger e respeitava sua ideia, Kyle lhe mostrou que ele era valorizado como um bom colaborador para a empresa. Roger se sentiu reconhecido e, embora seu plano não tivesse sido posto em prática, estava disposto a apoiar a solução alternativa mais barata.

Aqueles que parecem apreciar os conflitos (e até mesmo os iniciam) podem ser caracterizados como combatentes. Eles:

- apreciam uma boa briga;
- acham que o conflito afia a mente e produz soluções criativas para os problemas;
- podem criar situações conflitantes;
- geralmente ficam mais satisfeitos vencendo uma discussão do que chegando a um meio-termo.

Idealmente, devemos ver os conflitos com a mente aberta e lidar com eles de modo construtivo. Devemos:

- perceber que alguns conflitos são inevitáveis, já que as pessoas veem as coisas de maneiras diferentes;
- entender que muitas pessoas não trazem o conflito à tona, o que leva a ressentimentos e falta de cooperação;

Personalidade e conflito

- valorizar o conflito como um modo de criar um debate saudável;
- tentar prever problemas que podem levar a conflitos e resolvê-los antes que explodam;
- usar o processo do conflito como um meio de adquirir mais conhecimento sobre as questões envolvidas;
- criar acordos de resolução de problemas em que todos saiam ganhando.

Discordando sem ser desagradável

Discordâncias no local de trabalho são inevitáveis. A menos que estejamos cercados de bajuladores, pessoas de nosso grupo nem sempre concordarão conosco, e muitos se oporão veementemente às nossas ideias. Discordar de maneira respeitosa é um modo de lidar com divergências sem hostilizar nossos oponentes.

Para discordar respeitosamente, podemos usar os passos a seguir:

1. Ver as coisas do ponto de vista do outro. Talvez a pessoa que discordou tão veementemente tenha tido uma experiência anterior desagradável que a fez se opor à questão apresentada.
2. Realmente tentar entender por que o outro se apega à sua crença. Ouça com empatia. Faça perguntas que o ajudem a avaliar quais são os verdadeiros motivos da discordância.

Como resolver conflitos em sua vida

3. Quando discordar de alguém, sempre assuma a responsabilidade por seus sentimentos. Ao responder, fale nos termos da pessoa. Por exemplo, em vez de dizer "você não conhece todos os fatos", diga "eu gostaria de saber mais sobre o contexto por trás do que você está dizendo". Quando nós começamos nossas afirmações com "você", parecemos estar desafiando a pessoa e imediatamente a colocamos na defensiva. Isso reduz as chances de nosso ponto de vista ser ouvido.

4. Quando as opiniões diferirem, use "almofadas verbais" para suavizar o golpe, como:

"Eu entendo o que você está dizendo..."

"Eu valorizo o que você está dizendo..."

É importante nunca usar esses tipos de afirmações conciliatórias seguidas das palavras "mas", "contudo", "porém" ou "entretanto". Esse tipo de fala é percebido como argumentativa e gera dúvida quando afirmamos que entendemos o ponto de vista do outro. Em vez disso, use "e" ou uma pausa curta antes de continuar com um dos seguintes tipos de afirmações:

"Vamos também discutir..."

"Que tal este ângulo..."

"O que aconteceria se..."

"Você já pensou em..."

"Compare aquela ideia com esta..."

5. Depois de reagir às ideias da outra pessoa, dê suas sugestões. O melhor modo de começar é dizendo:

"Eu vejo isso de modo diferente porque..."

Personalidade e conflito

Nesse momento, explique por que acha que essa é uma boa ideia e/ou apresente as evidências que tem. Por exemplo, você poderia dizer: "Eu vejo essa situação de modo diferente. Terceirizando a produção desses componentes, em vez de os produzirmos, apesar do custo inicial mais alto, nós economizaríamos uma quantia considerável em longo prazo porque..." E então apresente a evidência em que se baseou para chegar a essa conclusão.

6. Esteja pronto para enfrentar qualquer objeção que possa surgir ao se preparar cuidadosamente antes da reunião. Acima de tudo, nunca deixe suas emoções interferirem em uma apresentação lógica e bem documentada.

Um exemplo de discordância respeitosa foi fornecido por Michael Crom, vice-presidente executivo da Dale Carnegie & Associates, Inc. Esse exemplo foi apresentado em resposta a um leitor de sua coluna *Carnegie Coach*.

Patrick, o diretor de produção, estava prestes a participar de uma reunião importante em que a diretoria administrativa de sua empresa decidiria se iria investir em um processo de produção não testado. Foi pedido a Patrick que ajudasse a fazer uma recomendação preliminar. O problema era que o chefe de Patrick, o vice-presidente de operações, estava por trás da ideia, enquanto Patrick tinha sérias reservas quanto a ela. Ele pediu aconselhamento sobre como lidar com isso.

É claro que Patrick poderia concordar com seu chefe e permanecer em silêncio, mas estava preocupado com o resultado ser o fim da pequena fábrica de papéis. "Eu avisei" não significaria muito quando sessenta pessoas ficassem desem-

Como resolver conflitos em sua vida

pregadas. Por outro lado, ele poderia criar uma grande confusão na frente da equipe administrativa e salientar exatamente quanto as suposições de seu chefe eram estúpidas. Isso poderia funcionar, mas havia o risco de alienar a diretoria e acabar com qualquer chance de um bom relacionamento com seu chefe. Ele também poderia recuar e começar a criar um novo currículo.

Eu aconselhei Patrick a buscar um meio-termo em uma discordância amigável. Estava programado que seu chefe falaria primeiro e depois haveria um momento para o debate. Em vez de deixar o tempo em aberto, sugeri que Patrick anotasse uma apresentação informal no bloco à sua frente. Em uma questão de minutos, nós esboçamos uma apresentação:

1. Reconhecer que seu chefe tinha vários argumentos bons. O chefe de Patrick não estava totalmente errado. Alguns aspectos da sua proposta eram muito bons. Ela era definitivamente promissora; testes feitos em locais de microfabricação haviam economizado tempo e dinheiro na produção de papel *couché* sem sacrificar a qualidade. Ao mesmo tempo, a empresa, definitivamente, precisava examinar novos processos de produção para permanecer competitiva.

2. Transição para o ponto de vista dele. Patrick não poderia minar logo o seu primeiro comentário usando palavras como "mas" ou "contudo", porque isso imediatamente criaria frentes de batalha. Em vez disso, depois de reconhecer que a opinião de seu chefe era válida, ele faria uma pequena pausa e então diria: "Eu pensei em mais alguns fatores que poderiam influenciar

Personalidade e conflito

nossa decisão." Isso parecia um modo bastante neutro de iniciar a conversa.

3. Apresentar os dados. De início, Patrick queria levar resmas e mais resmas de relatórios para provar suas afirmações. Queria descarregar a raiva que sentia de seu chefe sufocando a equipe administrativa em pilhas de papel. Em vez disso, nós resumimos seus argumentos a apenas dois pontos principais: os dados sugeriam que o processo proposto era menos eficiente quando usado em fábricas maiores e ainda não havia sido testado em uma empresa do porte da sua.

4. Terminar com uma afirmação neutra. Levando em conta os dados, fazia sentido Patrick sugerir que a empresa formasse uma equipe maior para examinar mais detalhadamente essa opção, assim como outras. Ele poderia até mesmo agradar a seu chefe dizendo que seria fantástico se esse novo processo, após mais exames, provasse ser a oportunidade certa para a empresa.

5. Não se exalte. Discordâncias raramente seguem conforme o planejado. Eu lembrei Patrick de que ele só poderia fornecer a informação, não controlar a decisão final. Se seu chefe argumentasse, ele poderia "concordar em discordar", mas não deveria entrar num bate-boca. Ele — além da empresa — só sairia perdendo com isso.

Não foi nenhuma surpresa a diretoria administrativa concordar com a sugestão de Patrick. Seu chefe até mesmo concordou em que essa era a coisa mais responsável a se fazer. Nós podemos alcançar o mesmo tipo de resultado positivo na próxima vez que soubermos que vamos discordar de alguém.

Como resolver conflitos em sua vida

Sempre que se está em conflito com alguém, há um fator que pode fazer a diferença entre prejudicar seu relacionamento e aprofundá-lo. Esse fator é a atitude.

— WILLIAM JAMES,
PSICÓLOGO NORTE-AMERICANO

Discordâncias que surgem de emoções

As pessoas discordam por muitos motivos. Às vezes, os motivos são lógicos, legítimas diferenças de opinião. Em outras ocasiões, eles são de natureza emocional — as pessoas envolvidas têm sentimentos fortes em relação ao assunto em questão ou umas às outras. A função do supervisor ou líder da equipe é resolver as diferenças para que o trabalho possa ser feito.

Quando os membros da equipe diferem sobre como lidar com uma situação de trabalho, o conflito pode ser resolvido por mediação ou arbitragem, conforme foi discutido no Capítulo Dois.

A discordância honesta frequentemente é um bom sinal de progresso.

— MAHATMA GANDHI

Contudo, muitos conflitos têm origem emocional, em vez de racional. Se o motivo do dissenso for uma raiva enraizada ou ressentimento, temos dificuldade em encontrar um modo

70

Personalidade e conflito

de mudar a situação. Na luta por progresso ou poder na empresa, algumas pessoas podem apunhalar outras pelas costas para obter vantagens. É improvável que alguém consiga persuadir a vítima a gostar do seu algoz.

Contudo, na maioria das vezes, a antipatia não é enraizada, mas causada por mal-entendidos ou reações adversas superficiais em relação a outra pessoa.

Larry estava preocupado com a falta de espírito de equipe em seu departamento. Havia discussões constantes e ocasionais atritos entre seus membros. Após participar de um workshop de formação de equipe, Larry convocou uma reunião para aplicar uma das ideias que aprendera. Depois de uma breve conversa de "aquecimento" sobre a importância de a equipe fazer seu trabalho, Larry pediu a cada uma das seis pessoas em seu grupo que escrevesse os nomes das outras cinco em um bloco que lhes dera e, ao lado de cada nome, escrever do que gostava mais naquela pessoa. Então fez cada pessoa ler o que havia escrito olhando diretamente para a pessoa em questão enquanto lia.

Barney olhou para Sarah e leu: "Quando eu lhe peço informação ou ajuda, não importa quanto esteja ocupada, você para e me dá o que eu pedi." Como Barney nunca havia lhe agradecido por sua ajuda ou reconhecido que sua ajuda era valorizada, Sarah o achava um chato ingrato. Sabendo que Barney estava consciente de seus esforços e grato por eles, Sarah começou a ter sentimentos mais positivos em relação a ele.

Lil disse a Ron: "Quando eu chego aqui pela manhã, estou de mau humor. Você sempre faz eu me sentir melhor com seu

Como resolver conflitos em sua vida

animado 'bom dia'." Ron achava Lil meio rabugenta e não gostava de lidar com ela, mas o reconhecimento que ela expressou fez com que ele se sentisse melhor em relação a ela.

Quando os participantes voltaram ao trabalho, cada um tinha pensamentos mais positivos em relação aos colegas. É difícil não gostar de alguém que acabou de dizer algo bom sobre você. Os resultados positivos desse exercício podem ser aumentados se o gerente ou líder da equipe se mantiver alerta às interações dos membros da equipe. Quando alguém fizer um comentário desagradável sobre outra pessoa da equipe, o gerente pode aproveitar a oportunidade para lembrar ao ofensor o elogio que esse colega fez a ele ou ela na reunião. Isso reforça o efeito da reunião e desanuvia o ambiente, restabelecendo a boa vontade criada.

Quando as pessoas simplesmente não conseguem se dar bem

Às vezes os conflitos não são apenas divergências sobre o trabalho, mas antagonismos pessoais profundos. Se essas situações não forem abordadas, elas afetarão não só o trabalho dos rivais, como também o moral de toda a equipe. Os supervisores ou líderes de equipe devem intervir e tentar conciliar ambos.

Em primeiro lugar, descubra por que as duas pessoas não gostam uma da outra. Esse tipo de animosidade frequentemente provém de um conflito amargo no passado.

Personalidade e conflito

Competição excessiva

No calor da competição por crescimento na empresa, algumas pessoas sabotam outras para obter vantagens. Se a vítima tomar conhecimento desse tipo de atitude, é improvável que algum dia consiga trabalhar em harmonia com o sabotador. Esses ataques pessoais tendem a causar um antagonismo profundo que permeia todas as suas interações.

Se soubermos que alguém disse ou fez algo para deliberadamente prejudicar um colega, devemos comunicar-lhe que não aprovamos tal conduta. Tentar manchar a imagem de um colega é um comportamento infantil e desagradável. Nós queremos que nosso grupo trabalhe em conjunto, como uma equipe.

Para ajudar a aliviar as tensões entre as partes envolvidas, se isso for de alguma forma possível, transfira uma ou as duas partes para outros departamentos em que terão pouco contato um com o outro. Contudo, essa opção nem sempre é viável, porque talvez não haja outros departamentos em que elas possam usar suas habilidades. Nós temos de tomar providências para pôr fim a essa situação.

Fale com cada pessoa sobre prosseguir de maneira amigável. Se as tentativas de persuadi-las a cooperar falharem, imponha a lei. Você pode dizer algo como: "Para esta equipe ser bem-sucedida, todos os seus membros devem trabalhar juntos. O que passou, passou. Apaguem isso. Eu não estou pedindo que vocês gostem um do outro. Não me importa como se relacionam fora do trabalho. Estou pedindo que trabalhem juntos para

Como resolver conflitos em sua vida

atingirmos nossos objetivos." Se necessário, depois dessa diretiva, aplique uma ação disciplinar.

Diferença de opinião não constitui animosidade.

— W. K. NEOH, MÉDICO E FILÓSOFO

Química ruim

Frequentemente uma pessoa não tem nenhum motivo em particular para não gostar de outra. A maioria de nós já conheceu alguém com quem simplesmente não simpatizou. Nós sentimos uma aversão imediata a essa pessoa. Nossa reação: "a química entre nós é bem ruim".

Por exemplo, Stan, um novo membro da equipe, é apresentado a Rochelle. O primeiro pensamento de Rochelle é "eu não gosto dele", e isso se reflete no relacionamento de trabalho deles.

Por que Rochelle sentiu uma aversão imediata a Stan? Psicólogos dizem que essa reação frequentemente ocorre porque algo na pessoa lembra subconscientemente uma experiência passada desagradável. Algo em Stan (seu corte de cabelo, seu modo de falar, um sinal no lado esquerdo do seu rosto) lembra Rochelle de um *bully* na terceira série que infernizou a vida dela naquele ano. Ela pode não ser capaz de dizer o que em Stan a incomoda tanto, mas sabe que não quer ficar perto dele. Esses acontecimentos, chamados de estímulos mínimos, despertam

Personalidade e conflito

lembranças subconscientes há muito esquecidas que podem influenciar nossas reações às pessoas.

Quando você se sentir pessoalmente incomodado com um colega de trabalho porque "a química entre vocês é ruim", tente analisar o motivo da aversão. Devemos nos perguntar: "Por que não gosto de trabalhar com essa pessoa?" Talvez seja seu modo de se vestir ou falar que nos incomode, ou podem ser os estímulos mínimos já mencionados.

Quando identificar um motivo, tente lidar com ele. Observe essa pessoa mais objetivamente. Na próxima vez que tiver de trabalhar em um projeto com ela, estabeleça que na primeira reunião manterá a mente aberta, pelo menos durante aquele momento. Não deixe seus sentimentos atrapalharem. Faça um esforço para ignorar o que quer que o incomode nessa pessoa.

Se discordar das ideias dela, lide com isso calma e racionalmente — não com raiva ou os nervos à flor da pele. Tente superar sua aversão encontrando algo que aprecie nessa pessoa, como suas habilidades no trabalho, seu senso de humor, ou qualquer outra característica de personalidade. Concentre-se nas coisas boas. Logo esquecerá o fator indescritível que gerou sua antipatia por ela. Conquiste a amizade dessa pessoa. Encontre algo agradável para dizer a ela.

Às vezes, o motivo da aversão é o modo como a outra pessoa nos trata. Mantenha a calma. Não deixe que nada que essa pessoa faça ou diga o irrite. Com frequência, quando pessoas assim percebem que suas atitudes realmente não perturbam seus alvos, elas vão atrás de outros. Contudo, se a pessoa o perturbar a ponto de você não conseguir fazer seu trabalho, chame a atenção do líder da equipe para esse comportamento.

Como resolver conflitos em sua vida

Sempre que você está em conflito com alguém, há um fator que pode fazer a diferença entre prejudicar seu relacionamento e aprofundá-lo. Esse fator é a atitude.

— WILLIAM JAMES,
PSICÓLOGO NORTE-AMERICANO

O supervisor como conselheiro

Basta uma única pessoa não estar bem para impedir a equipe de trabalhar em uma sintonia perfeita. Por isso, precisamos identificar os problemas em seus estágios iniciais e saná-los antes que se tornem maiores. Uma ferramenta usada com frequência para evitar problemas interpessoais é o aconselhamento.

O aconselhamento é um meio de ajudar colegas problemáticos a superar barreiras para ter um bom desempenho. Com escuta atenta, diálogo aberto e bons conselhos, o conselheiro ajuda a identificar problemas, esclarecer mal-entendidos e planejar soluções.

Quando um líder de equipe ou supervisor aconselha um colega, a situação é mais parecida com a de um treinador de um time aconselhando um atleta do que com a de um psicoterapeuta aconselhando um paciente.

O aconselhamento profissional só deve ser feito por especialistas treinados, e às vezes é necessário um encaminhamento para esses profissionais. O aconselhamento pode ser pedido quando membros da equipe levam queixas ou reclamações ao

Personalidade e conflito

conhecimento do líder, quando têm problemas com outros membros ou, frequentemente, quando problemas pessoais estão interferindo no trabalho.

Quando é recomendada ajuda profissional

Muitos supervisores e líderes de equipe podem hesitar ou até mesmo ficar constrangidos em sugerir que um colega busque aconselhamento profissional. Muitas pessoas se ofendem com essa sugestão: "Você acha que eu estou louco?" Saliente que buscar aconselhamento profissional não é diferente de ir ao médico.

Nem todos os problemas que requerem ajuda profissional são apenas psicológicos. Sérios problemas financeiros, conjugais ou familiares podem resultar em todos os tipos de problemas comportamentais. Problemas de saúde também podem ser a causa de desafios interpessoais.

Se a empresa tiver um programa de assistência ao funcionário (PAF), encaminhar uma pessoa para ele imediatamente tira do líder da equipe o fardo de sugerir aconselhamento específico. Se não tiver, um membro do departamento de recursos humanos pode ajudar a fazer encaminhamentos.

Programas de assistência ao funcionário (PAFs)

Um programa de assistência ao funcionário, ou PAF, é um serviço de aconselhamento patrocinado pela empresa. Muitas

Como resolver conflitos em sua vida

empresas têm instituído esses programas para ajudar os funcionários a lidar com problemas pessoais que interferem na produtividade. Os conselheiros não têm vínculo empregatício com a empresa, são especialistas externos contratados conforme a necessidade. O acesso ao programa pode ser feito de dois modos:

1. O empregado toma a iniciativa de entrar em contato com o PAF da empresa. A empresa informa seus funcionários sobre o programa por meio de e-mail, comunicados, anúncios no jornal da empresa, reuniões ou cartas endereçadas às suas casas. Geralmente é fornecido um número de uma linha direta.

Uma de nossas colegas, Gilda, acredita que precisa de ajuda. Discussões constantes com sua filha adolescente a têm deixado tensa, irritada e frustrada. Em uma breve entrevista telefônica com o conselheiro do PAF de sua empresa, ele identifica o problema de Gilda e a encaminha para um conselheiro familiar. Gilda marca sua consulta na hora que lhe convém (não no horário de trabalho, porque a necessidade de aconselhamento não é uma desculpa para faltar). Como todo o procedimento é confidencial, nenhum relatório sobre o aconselhamento é feito para a empresa (na maioria das vezes, não são divulgados nem mesmo os nomes das pessoas em aconselhamento).

2. O supervisor toma a iniciativa de entrar em contato com o PAF. Suponha que o desempenho no trabalho de um dos melhores funcionários tenha recentemente diminuído. Com frequência, você o vê sentado ociosamente à sua mesa, com os pensamentos claramente distantes do trabalho. Você lhe pergunta o que está acontecendo, mas ele encolhe os ombros e responde: "Eu estou bem — apenas cansado."

Personalidade e conflito

Depois de várias conversas, ele finalmente fala sobre um problema familiar, e nós sugerimos que entre em contato com o PAF da empresa.

Embora o encaminhamento tenha sido feito e o funcionário lhe tenha dado seguimento, não devemos esperar relatórios de progresso de um membro do programa nem de nossa equipe. Depois que o encaminhamento é feito, o caso se torna confidencial. Nosso feedback é observar a melhora no trabalho do funcionário, uma vez que o aconselhamento o ajuda com a situação.

Os programas de assistência ao funcionário são caros, mas empresas que os usam há vários anos dizem que compensam e têm salvado empregados talentosos e experientes que, sem ajuda, poderiam apresentar um declínio na produtividade ou até mesmo deixar a empresa.

Resumo

- Discordâncias no local de trabalho são inevitáveis. A menos que estejamos cercados de bajuladores, membros de nossa equipe nem sempre concordarão conosco, e muitos se oporão veementemente às nossas ideias.
- Esteja ciente de que a maioria das pessoas não se sente confortável em conflitos. Com frequência, levam confrontos para o lado pessoal. Insista em manter a conversa focada no problema, não nos indivíduos envolvidos.
- Algumas abordagens para lidar com o conflito são:
  - Ver as coisas do ponto de vista do outro.

Como resolver conflitos em sua vida

- Realmente tentar entender por que nosso oponente se apega à sua crença.
- Sempre assumir a responsabilidade por nossos sentimentos. Não devemos culpar nosso oponente por quaisquer reações emocionais nossas a uma ideia ou uma situação.
- Usar "almofadas verbais" para suavizar o impacto do golpe quando expressarmos opiniões.
- Ao discutir um assunto controverso, depois de reagir às respostas da outra pessoa, dê suas sugestões.
- As pessoas discordam por muitos motivos. Às vezes, os motivos são óbvios — legítimas diferenças de opinião. Em outras ocasiões, são de natureza emocional — as pessoas envolvidas têm sentimentos fortes em relação ao assunto em questão e/ou umas às outras. A função do supervisor ou líder da equipe é resolver as diferenças para que o trabalho possa ser feito.
- Às vezes os indivíduos simplesmente não gostam um do outro, e conflitos entre eles parecem surgir com frequência. O líder não pode fazer os oponentes do conflito gostarem um do outro, mas deve se esforçar para fazê-los trabalhar de maneira cordial.
- Quando temos de trabalhar com alguém de quem não gostamos, devemos nos esforçar para encontrar algo que apreciamos nessa pessoa, como suas habilidades no trabalho, seu senso de humor ou qualquer outra característica da sua personalidade. Concentre-se nas coisas boas. Logo esquecerá o fator indescritível que gerou sua antipatia por ela.

Personalidade e conflito

- Nosso objetivo é identificar os problemas em seus estágios iniciais e saná-los antes que se tornem maiores.
- Com escuta atenta, diálogo aberto e bons conselhos, o conselheiro ajuda a identificar problemas, desfazer mal--entendidos e planejar soluções.
- Muitas empresas têm instituído programas de assistência aos funcionários para ajudá-los a lidar com problemas pessoais que interferem na produtividade.

CAPÍTULO QUATRO

Trazendo o conflito à tona

Os conflitos têm várias causas. Surgem de problemas que podem estar direta ou indiretamente ligados à situação imediata. Atributos físicos, emocionais e intelectuais das partes envolvidas podem ter um papel nisso. Conflitos latentes — ou seja, que não foram trazidos à tona — podem custar caro para a empresa e todos os afetados, inclusive para aqueles não diretamente envolvidos. Ao manter os conflitos debaixo dos panos, perdemos a chance de melhorar relacionamentos no ambiente de trabalho ou em nossa vida pessoal, o que pode ter um impacto significativo na solução imediata, e também no sucesso de nossa empresa e nosso relacionamento em longo prazo com as partes envolvidas.

Neste capítulo, discutiremos a base para uma cultura que promove e mantém um ambiente aberto ao conflito construtivo. Nesse ambiente, todos os que experimentam o conflito se sentem confortáveis e confiantes para expressá-lo, sabendo que ele será abordado de maneira responsável e respeitosa. Também

Como resolver conflitos em sua vida

discutiremos os processos de resoluções e negociações de queixas formais e técnicas usadas para expressar queixas e resolver disputas.

No meio da dificuldade encontra-se a oportunidade.

— ALBERT EINSTEIN

Um ambiente de conflito

Conflitos não reconhecidos afetam não só os envolvidos, como também todos direta ou indiretamente em suas órbitas. Se não forem revelados, o moral se tornará mais baixo, o trabalho será prejudicado e o ambiente profissional será contaminado.

Vamos examinar um caso de conflito no trabalho. Rebecca era uma representante de vendas para seu empregador. Nos últimos meses, seu melhor cliente, a Ajax Industries, havia reduzido seus pedidos em cinquenta por cento. Rebecca soube que um concorrente oferecera à Ajax um negócio melhor, e, para testar os produtos deles, os compradores da Ajax decidiram dividir o pedido mensal entre a empresa de Rebecca e a concorrente durante alguns meses. Rebecca havia se esforçado muito para estudar o produto de seu concorrente, e desenvolveu uma apresentação para demonstrar ao seu empregador como ele poderia igualar e superar a proposta do concorrente. Keith, o gerente regional de vendas e chefe de Rebecca, ficou furioso com a situação. Há muito achava Rebecca um pouco "rebelde"; ela raramente se comunicava com ele da rua e tendia

Trazendo o conflito à tona

a ser negligente com seus gastos. Perder uma grande parte do negócio da Ajax aumentou a ira de Keith. Ele a culpou por não prever a situação e evitar que o concorrente fosse tão longe quanto foi. Embora Rebecca achasse que tinha uma ótima chance de recuperar a conta, Keith não foi receptivo ao seu plano e destinou a Ajax a outro representante de vendas. Rebecca achou que estava sendo injustiçada e considerou a atitude de Keith uma afronta pessoal. Ela estava preocupada não só em diminuir sua renda com a perda da conta, mas a perda da confiança em sua capacidade de vendas também era muito problemática para ela. Embora temesse a possibilidade de o gerente nacional de vendas ficar naturalmente inclinado a concordar com seu supervisor (em uma aliança de chefes), ela levou o problema ao conhecimento dele.

Cada uma das partes envolvidas buscou aliados na empresa para ficar do seu lado no conflito. Rebecca era popular na equipe de vendas, e vários de seus colegas concordaram que Keith a havia tratado injustamente. Keith se orgulhava de exigir um alto desempenho dos funcionários, e alguns dos membros de sua equipe achavam que ele estava certo. A disputa entre os dois se tornou fonte de fofocas e ressentimentos em todo o departamento.

Para pôr fim à discórdia, devemos primeiro identificar o verdadeiro motivo do conflito. O supervisor, o líder da equipe ou um representante da administração (frequentemente um membro da equipe de recursos humanos) deveria ser designado para examinar a situação e determinar o quadro geral. Nesse caso, o gerente nacional de vendas entrou em

Como resolver conflitos em sua vida

ação para tentar resolver o problema. Os fatos, conforme apresentados, eram precisos. A Ajax reduziu seu pedido, mas Keith não havia dado a devida atenção à proposta de Rebecca. Ele defendeu sua decisão apresentando os números que mostravam uma queda significativa nas vendas de Rebecca, enquanto outros representantes continuavam a vender bem. O principal argumento de Rebecca se baseava em sua proposta não aprovada.

Além de avaliar os fatos, também devemos prestar atenção às emoções das partes. Nesse caso, tanto Rebecca quanto Keith acreditavam sinceramente que estavam certos, e haviam demonstrado ressentimentos ao discutirem a situação. Keith considerava aquilo culpa de Rebecca, e Rebecca estava completamente segura de que Keith estava sendo injusto com ela. Ambos estavam tão emocionalmente envolvidos que não conseguiam, ou não queriam, discutir o problema de modo objetivo. Em um ponto da conversa, Keith disse: "Eu não quero sabotar o sucesso de Rebecca aqui, mas não posso simplesmente deixar as coisas continuarem assim. É frustrante ser responsável por vendas quando nunca sei o que está acontecendo fora do escritório." O gerente, percebendo que Keith parecia ter feito uma afirmação reveladora, lhe pediu que explicasse melhor. Eles falaram sobre os desafios da posição de Keith e Rebecca admitiu que nunca havia visto o trabalho de Keith daquela perspectiva. Ela pediu desculpas por não manter Keith mais bem informado sobre suas reuniões com clientes. A honestidade e a nova compreensão dos dois ajudaram a dissipar a tensão entre eles. O gerente nacional de vendas os guiou para uma resolução: Keith concordou em deixar Rebecca fazer uma nova

Trazendo o conflito à tona

tentativa com a Ajax e Rebecca concordou em se comunicar diariamente com Keith.

O fato de Rebecca e Keith não estarem confortáveis com o conflito facilitou o caminho para uma solução. Embora eles tivessem se envolvido a contragosto naquela briga, o conflito envenenou o clima no local de trabalho e teve um impacto em sua produtividade. Até a situação ser resolvida, houve inquietação no departamento.

Nossa atitude no conflito organizacional

Um passo importante para lidar com o conflito organizacional é realmente entender nossos sentimentos em relação a ele. Escreva "sim" ou "não" depois das afirmações da autoavaliação a seguir, de acordo com o que mais se aproxima de sua atitude:

1. Eu não gosto de me envolver quando há conflito.
2. Eu prefiro falar sobre o conflito com outra pessoa e esperar que ela lide com ele.
3. Eu me aborreço quando o conflito me envolve.
4. Eu tenho uma tendência a guardar ressentimentos.
5. Eu uso o conflito como um modo de me aperfeiçoar.
6. Eu acho que deveríamos prever o conflito e resolvê-lo antes que ocorra.
7. Eu estou disposto a ceder, se não for algo contra meus valores.
8. Eu tendo a ser muito teimoso.
9. A liderança na organização é responsável por resolver conflitos.

Como resolver conflitos em sua vida

10. Com frequência, me vejo em conflito com pessoas que são diferentes de mim.
11. Eu não sou o típico causador de conflito.
12. Conflito cria discussão saudável.

Reveja suas respostas e pense sobre como refletem suas atitudes. Por exemplo, se respondeu "sim" para as afirmações 1 e 3, provavelmente é um evitador de conflitos. O desconforto de estar em desacordo pode nos fazer evitar dar nossas opiniões, mesmo quando nossas ideias poderiam levar ao bem maior de todos os envolvidos.

> *Nós evitamos as coisas que tememos porque achamos que haverá consequências desastrosas se as confrontarmos. Mas as verdadeiras consequências desastrosas em nossa vida vêm de evitar coisas que precisamos aprender ou descobrir.*
>
> — SHAKTI GAWAIN

Enfrentando conflitos pessoais

Os conflitos não se limitam às empresas, e muitas das técnicas usadas para resolvê-los no trabalho podem ser usadas eficazmente em questões pessoais.

Jordan e Judy estão casados há dois anos. Desde o início, tiveram grandes discussões por questões financeiras. Jordan, um corretor de imóveis bem-sucedido, ganhava consideravel-

Trazendo o conflito à tona

mente mais do que Judy, uma professora de escola primária. Ele achava que isso lhe dava o direito de tomar todas as grandes decisões financeiras pelos dois. "Judy", comentava Jordan frequentemente, "você pode gastar seu dinheiro com roupas, cosméticos e outras coisas pessoais. Eu cuidarei de todo o resto."

Judy sentia que devia participar do planejamento orçamentário e da decisão sobre gastos maiores, e se preocupava porque Jordan nem sempre tinha o melhor julgamento quanto à administração financeira. O ponto culminante foi quando, numa noite, Jordan chegou em casa e disse a Judy que havia feito uma proposta de compra de uma casa luxuosa que acabara de ser posta à venda. "Quando nossa empresa fechou o contrato de corretagem, eu corri para pegar antes de qualquer um. É uma mansão linda na melhor parte da cidade."

Judy ficou atônita. "Como você pôde tomar uma decisão tão importante sem me consultar? Nós não precisamos de uma casa agora, e com certeza não de uma casa grande apenas para nós dois. E quanto ao custo? E o pagamento de entrada e das parcelas mensais da hipoteca? Nossas únicas economias estão no fundo de pensão da sua empresa, e nesse momento não é muito. Temos de aumentar nossa carteira de investimentos antes de poder comprar qualquer casa, quanto mais uma mansão caríssima."

Jordan se recusou a ceder; ele lhe disse que tinham de fechar o negócio no fim do mês ou o perderiam. Judy continuou a se opor a isso. Como esse conflito poderia ser resolvido?

Judy falou com sua melhor amiga sobre sua preocupação, e ela sugeriu que eles procurassem uma consultora financeira.

Como resolver conflitos em sua vida

Eles marcaram uma reunião com Geri P., uma consultora financeira muito bem conceituada na cidade.

Geri fez Jordan contar seu lado da história. Ele explicou por que achava que a casa era um bom negócio, e descreveu como planejava fazer os pagamentos de entrada, hipoteca e arcar com os custos de manutenção.

Judy concordou que, após visitar a casa, havia gostado dela. Ainda assim, achava que não havia nenhuma necessidade de eles comprarem uma casa tão grande antes de terem filhos, e o dinheiro necessário para comprá-la estava muito acima do orçamento financeiro deles.

Geri concluiu que: (1) ambas as partes gostavam da casa; (2) a casa era grande demais para suas necessidades imediatas; e (3) só seria viável após eles terem filhos, o que planejavam fazer dali a alguns anos.

Então o verdadeiro problema era a questão financeira. Ela calculou exatamente quanto dinheiro era necessário para comprar e manter a propriedade, e salientou que isso poria uma pressão sobre as finanças deles.

Geri ofereceu-lhes uma alternativa para considerarem: ela sugeriu que comprassem a casa como um investimento. Poderiam alugá-la por alguns anos, e com essa renda pagariam todas as despesas. Quando estivessem prontos, se mudariam para lá. Como os dois estavam empregados e tinham um bom *score* de crédito, seriam bons candidatos a uma hipoteca com juros baixos.

Geri se ofereceu para ajudá-los a elaborar um orçamento adequado e sugeriu que, dali em diante, Jordan e Judy dividis-

Trazendo o conflito à tona

sem a responsabilidade pelo orçamento e por todas as decisões financeiras.

Sua solução levou em conta os desejos e as preocupações de ambas as partes e, como Geri não conhecia a história deles de discordâncias sobre assuntos financeiros, foi capaz de ver a questão de modo não emocional.

Procedimentos de queixas formais

Há momentos em que os conflitos não podem ser facilmente resolvidos. Às vezes os conflitos organizacionais, como o de Rebecca e Keith, resultam de ressentimentos de longa data, em grande medida. Em outras ocasiões, as partes em conflito são teimosas demais, emocionais demais ou estão em níveis tão díspares na empresa que não é razoável esperar que cheguem a um acordo sozinhas. Nessas ocasiões, uma das partes pode querer apresentar uma queixa formal.

Comunicação

Antes de as queixas surgirem (e serem formalizadas), deve haver uma linha de comunicação aberta de cima para baixo e, igualmente importante, de baixo para cima. Os gerentes seniores deveriam ter linhas de comunicação direta com todos os membros da equipe, em todos os níveis, e todos os membros da equipe deveriam conhecer o processo para se comunicar

Como resolver conflitos em sua vida

com eles. Todas as políticas e todos os procedimentos da empresa deveriam ser claramente comunicados a todos os funcionários. Isso poderia ser feito por meio de um manual do funcionário de fácil compreensão, reuniões de supervisores com os membros de suas equipes para esclarecer e reforçar o conteúdo do manual e, quando ocorrerem infrações específicas, conversar pessoalmente com os infratores primários antes de serem aplicadas ações disciplinares.

Obter informações de cima para baixo raramente é um problema; obter informações de baixo para cima não é assim tão fácil. A pessoa-chave para garantir que todos os membros da equipe terão liberdade para expressar suas preocupações é o supervisor. Os supervisores devem ganhar a confiança dos subordinados. Os empregados devem sentir que não só é seguro, como também útil levar suas queixas a seus supervisores, e que eles lidarão pronta e justamente com todas elas.

Estabelecendo procedimentos de queixa

Além disso, deve haver um procedimento de queixa formal. É claro que, quando há um sindicato, esse procedimento é previsto no acordo a ser cumprido entre a administração e o sindicato. Mas em organizações não sindicalizadas, frequentemente não existe uma norma para lidar com as queixas. Isso se torna desagradável e problemático quando surge uma disputa e é uma boa ideia ter um sistema formal para servir como diretriz.

Trazendo o conflito à tona

A Jefferson Finance Company emprega aproximadamente cinquenta pessoas. Bill Jefferson, presidente e diretor executivo, estabeleceu um sistema semiformal para lidar com disputas e queixas. Todos os supervisores são instruídos a ouvir e investigar todas as queixas dos membros de suas equipes. Então eles resolvem o problema ou, se a queixa não for passível de resolução, explicam essa decisão para o autor da queixa. Se o empregado não ficar satisfeito com o resultado do processo, pode levar a questão diretamente para Bill.

Nas empresas maiores é melhor ter uma abordagem mais formal.

Um sistema típico consiste em quatro passos.

Passo 1

O autor da queixa discute o problema com o supervisor imediato. Nesse nível, devem ser feitas todas as tentativas possíveis para resolver o problema. A maioria das queixas tem algum fundamento e pode ser resolvida corrigindo-se uma situação injusta ou explicando logicamente para o reclamante por que o problema existe e o que pode ser feito ou não para corrigi-lo.

Mesmo se não houver nenhum fundamento para a queixa, ela deve mesmo assim receber a atenção adequada e ser investigada para que se descubram os fatos reais. Explique ao funcionário o que foi descoberto. Lembre-se de que o problema é muito importante para a pessoa que faz a queixa, ainda que pareça algo trivial para o supervisor. Não se pode ignorar ou

Como resolver conflitos em sua vida

tratar dele superficialmente dizendo "Eu vou cuidar disso" e depois se esquecer do assunto. Ao lidar com uma queixa, uma promessa não cumprida é o modo certo para arruinar todo o programa de bom relacionamento com os funcionários.

Passo 2

Se nenhuma solução for alcançada, o indivíduo deveria ter a oportunidade de levar o problema — sem medo de represália — para o nível mais alto da administração. Nesse ponto, mais uma vez todos os esforços deveriam ser feitos com o propósito de se resolver o problema para a satisfação do reclamante.

Passo 3

O próximo passo — se necessário — seria levar o problema para o gerente de recursos humanos, o gerente-geral ou outro alto executivo.

Passo 4

Geralmente é possível chegar a um acordo em uma primeira instância, mas se não for, o indivíduo e a administração podem concordar em submeter a queixa a uma terceira parte mutuamente aceitável para arbitragem. Isso não é feito com frequência em organizações não sindicalizadas, mas pode ser uma

Trazendo o conflito à tona

opção que a administração deseje ter disponível para casos em que seja do interesse de todos resolver a disputa.

A arbitragem é uma alternativa melhor do que a ação legal nos casos em que uma incapacidade de resolver divergências pode levar a litígio. Há várias fontes de arbitragem, inclusive associações de advogados, agências do governo ou associações de negócios ou comércio.

O árbitro pode primeiro tentar a mediação ou ir direto para o processo de arbitragem discutido no Capítulo Dois.

A decisão do árbitro é final e, a menos que haja circunstâncias atenuantes ou outras questões legais que modifiquem a decisão, não cabe apelação.

Quando a queixa é contra o supervisor

Em muitos casos, o problema é entre um empregado e seu supervisor imediato. Nesses casos, obviamente não é viável seguir o primeiro passo usual — discutir o problema com essa pessoa.

Por exemplo, Barbara estava muito aborrecida. Sua chefe, Maggie, constantemente lhe dava tarefas desagradáveis. É óbvio que o trabalho mais desagradável tinha de ser feito, e Barbara estava disposta a fazer sua parte, mas Maggie lhe dava a maioria dessas tarefas e seus "protegidos" nunca tinham de realizar nenhuma delas.

Se Barbara seguisse o procedimento formal, teria de primeiro levar sua queixa para Maggie, que provavelmente a ignoraria e com certeza apenas infernizaria mais sua vida.

Como resolver conflitos em sua vida

Nesses casos, o funcionário deve ter uma oportunidade de fazer a queixa sem primeiro ter de discuti-la com o supervisor. Se isso não fosse possível, muitas queixas importantes poderiam nunca vir à tona. Por exemplo, nos últimos anos houve alguns casos em que a administração sênior só tomou conhecimento de assédio sexual por parte de um supervisor quando a empresa foi acusada de infringir a lei. O primeiro passo no processo da queixa exigia que a funcionária falasse com o supervisor — que era justamente o agressor.

Quando a queixa de uma pessoa envolve um supervisor imediato, ela deve levar o problema para o departamento de recursos humanos ou outra pessoa designada da administração de pessoal.

Deve ser feita uma investigação completa e, se a queixa se mostrar justificada, devem ser tomadas medidas para corrigi-la imediatamente. Tudo deve ser feito de modo diplomático e protegendo o reclamante contra represálias.

O melhor modo de lidar com queixas é evitar que elas surjam, praticando princípios de boas relações humanas em todos os aspectos das atividades da empresa. Como todos nós somos humanos e cometeremos erros e maus julgamentos, deve haver uma linha de comunicação aberta para que as queixas sejam analisadas rapidamente quando surgirem.

Negociando eficazmente

Para apresentar nosso caso de modo mais eficaz quando estamos envolvidos em um conflito, devemos dominar a arte da nego-

Trazendo o conflito à tona

ciação. A capacidade de usar habilidades de negociação cujo resultado seja benéfico para todos pode fazer toda a diferença no sucesso da negociação — não só nos casos de conflito, como também em todas as etapas de nosso trabalho, quando se é essencial influenciar pessoas e facilitar relacionamentos positivos e construtivos.

> *As pessoas são fundamentalmente diferentes. Elas querem coisas diferentes; têm motivos, propósitos, metas, valores, necessidades, motivações, impulsos e desejos diferentes. Nada é mais fundamental do que isso.*
>
> — DAVID KEIRSEY

Definindo negociações

Nós negociamos porque temos algo a oferecer ou queremos algo diferente da outra parte — e nos preocupamos com o resultado. Embora as partes envolvidas na negociação provavelmente tenham motivos, valores, preocupações e razões diferentes para querer uma determinada solução, para o processo ser bem-sucedido, todos os indivíduos envolvidos devem desejar um resultado justo.

Os dois motivos principais pelos quais negociamos são:

1. Para resolver um problema — ou conflito — importante e seguir em frente.

Como resolver conflitos em sua vida

2. Para estabelecer uma transação, uma solução, uma parceria, um procedimento ou um acordo entre duas ou mais partes que seja benéfico para todos.

A necessidade de habilidades eficazes de negociação nunca foi tão urgente quanto agora, principalmente devido à tecnologia. Segundo alguns relatórios, a internet provocou uma mudança maior no processo de vendas, nas negociações comerciais e na retenção de clientes nos últimos dez anos do que nos mil anos anteriores.

Na atual conjuntura, descobrimos que nossos clientes, possíveis clientes e parceiros são mais instruídos e preparados, bem como têm mais alternativas no que diz respeito a com quem fazem negócio do que tinham no passado.

Em resposta a essa nova realidade, os especialistas em negociação devem estar igualmente bem informados e preparados para fornecer soluções satisfatórias e permanecer competitivos.

> *Negociação não é algo a ser evitado ou temido —*
> *é uma parte do cotidiano.*
>
> — LEIGH STEINBERG

Avaliando nossa capacidade de negociação

Vamos examinar como podemos melhorar nosso desempenho nas negociações.

Responda "sim" ou "não" às afirmações a seguir:

____ 1. Eu pesquiso cuidadosamente toda a área em que estou negociando antes de começar a dialogar com os outros.

Trazendo o conflito à tona

_____ 2. Eu considero os dois lados do problema antes de iniciar negociações.

_____ 3. Eu faço perguntas e ouço atentamente para descobrir as necessidades, os interesses e as preocupações da outra parte.

_____ 4. Eu tenho planos alternativos para o caso de as coisas não saírem conforme o esperado.

_____ 5. Eu tenho um resultado específico em mente e sei quais as concessões que estou disposto a fazer.

_____ 6. Eu levo em conta o tipo de personalidade com que estou lidando.

_____ 7. Eu reúno evidências relevantes para manter minha posição e superar objeções previstas.

_____ 8. Eu deixo minhas emoções fora do processo de negociação e nunca levo as coisas para o lado pessoal.

_____ 9. Eu me sinto confortável e confiante no processo de negociação.

_____ 10. Eu sei onde sou mais vulnerável no processo de negociação.

As respostas "sim" indicam uma atitude de negociação positiva. As respostas "não" indicam áreas que precisam ser revistas e melhoradas.

Não há nada como ouvir para se dar conta de que o mundo fora da sua cabeça é diferente do mundo dentro dela.

— THORNTON WILDER

Como resolver conflitos em sua vida

Oito características dos negociadores eficazes

As características a seguir são encontradas nos negociadores eficazes:

1. Eles têm uma reputação de serem pessoas boas e bem-intencionadas, e cumprem a palavra.
2. São respeitosos, confiantes e confiáveis.
3. Têm uma atitude segura e positiva, uma crença genuína na própria posição e um reconhecimento da perspectiva do outro.
4. São instruídos, persuasivos, respeitados e têm credibilidade.
5. Estão bem preparados para vários cenários e obstáculos.
6. Não perdem a compostura e permanecem calmos, lidando com lógica e fatos, não com emoções.
7. Eles têm uma ótima capacidade de comunicação, de questionar e ouvir. São capazes de sondar sem ofender, ser abertos às crenças alheias, interpretar a linguagem corporal e falar nos termos do outro ao colaborar com soluções.
8. Têm a mente aberta, criativa e engenhosa, e estão dispostos a correr riscos inteligentes.

Negociação em que todos ganham

O resultado ideal de uma negociação é aquele em que todas as partes ficam satisfeitas. Isso geralmente é chamado de acordo em que todos ganham.

Trazendo o conflito à tona

Para obtê-lo, ambas as partes devem pesquisar e entender totalmente os interesses, as necessidades, os desejos, as preocupações e os temores dos envolvidos. Isso facilita o processo e permite às partes que colaborem para criar um valor conjunto, desenvolvendo alternativas ou acordos mutuamente benéficos.

> *Negociar no sentido diplomático clássico pressupõe que as partes estão mais ansiosas por concordar do que por discordar.*
>
> — DEAN ACHESON

As quatro etapas das negociações em que todos ganham

1. Identificação: Identifique, defina, exponha e entre num acordo sobre a questão ou situação a ser negociada. Estabeleça a hora, o lugar e a pauta da reunião. Ao identificar a questão ou situação:

O que fazer:
- Seja simples e específico.
- Se a situação for multifacetada, isole e especifique cada questão para que todas as partes entendam igualmente quais são.
- Despersonalize a colocação da questão. Ela deve ser abordada e apresentada de modo neutro.

Como resolver conflitos em sua vida

O que não fazer:
- Não seja complicado ou vago.
- Não complique as coisas com várias questões relacionadas.
- Não culpe os outros ou infira a causa da situação.
- Não coloque as emoções nisso.

2. *Preparação:* Investigue e reúna informações relevantes para os dois lados (para o seu caso e o da outra parte). Se possível, faça uma reunião prévia a fim de reunir informações antes de se sentar para negociar. Explore os interesses e as preocupações de todas as partes, todas as opções disponíveis e as consequências de cada alternativa. Conheça os itens inegociáveis e negociáveis. Ao se preparar para se sentar com a parte oponente:

O que fazer:
- Faça um levantamento honesto de si mesmo e por que sua posição é importante para você.
- Pense em seu caso, assim como no caso da outra pessoa.
- Determine o que está em jogo para você e para a outra parte.
- *Dica:* Considere o que isso representa para você e seu oponente financeira, emocional, intelectual e fisicamente.
- Antecipe objeções e contestações e reúna evidências para superá-las. Certifique-se de que o apoio que tem para sua decisão é uma evidência que a outra parte possa identificar e entender.

Trazendo o conflito à tona

- Identifique as concessões que está disposto a fazer. Saiba o que é essencial (o que precisa conseguir para ficar satisfeito com o resultado) *versus* o que é desejável (o que gostaria como parte do resultado).
- Determine o que considera aceitável. Pesquisas indicam que a fonte mais importante de poder de negociação é determinar seu limite do que é aceitável. Quando você faz isso, determina o ponto em que não há nenhuma necessidade de prosseguir com a negociação. Antes do início das negociações, cada parte deve ter determinado o que considera aceitável.

O que não fazer:
- Não deixe de pensar em por que sua posição é importante.
- Não pense apenas no que você quer.
- Não deixe de considerar o que está em jogo de ambas as perspectivas.
- Não improvise.

3. *Apresentação:* Estabeleça o tom para uma troca de informações em um espírito e clima de confiança e colaboração fazendo perguntas, se comunicando, ouvindo, discutindo, barganhando e apresentando ideias. Lembre-se de estar ciente o tempo todo de sua conduta. Ao se engajar na interação:

O que não fazer:
- Não discuta pelo telefone, por e-mail ou pessoalmente, em que uma pessoa tenha uma vantagem sobre a outra.

Como resolver conflitos em sua vida

- Não tenha uma atitude negativa nem comece em um tom negativo.
- Não ressalte diferenças.
- Não brinque com os outros.
- Não domine a reunião anunciando imediatamente sua posição.
- Não seja defensivo ou rígido em sua posição e não julgue nem feche sua mente para soluções alternativas.
- Não ataque a outra pessoa.
- Não reaja a ou com emoção inapropriada.
- Não seja injusto ou insensato.
- Não seja rude nem fale sem pensar.
- Não seja passivo nem agressivo.
- Não exija que as coisas sejam feitas do seu modo nem ignore os interesses da outra pessoa.
- Não use uma linguagem que a outra pessoa não entenda.
- Não faça pouco caso de uma situação séria.

4. *Pacto:* Aceite, concorde e se comprometa com uma solução em que todos ganhem. Ao chegar a um acordo com a outra parte:

O que fazer:

- Foque no objetivo.
- Termine em um tom positivo.
- Firme uma solução específica com um aperto de mão.
- Tenha um plano de ação e acompanhamento.

Trazendo o conflito à tona

- Reflita sobre o processo e aprenda algo novo com cada negociação.

O que não fazer:
- Não deixe as negociações morrerem.
- Não termine em um tom negativo.
- Não deixe preocupações no ar.
- Não deixe de manifestar sua concordância com um plano de ação.

Negociação tática

Um bom negociador engajará as partes opostas em uma *conversa*. Quando nós achamos que estamos sendo realmente ouvidos, tendemos muito mais a manter a mente aberta a posições contrárias e concordar com uma abordagem conciliatória do problema. Os comportamentos a seguir nos ajudarão a obter um bom resultado à mesa de negociação.

Questionar: Fazer perguntas que exijam respostas discursivas sonda interesses, motivos, desejos e preocupações, demonstra uma mente aberta e incentiva ao diálogo.

Ouvir: O silêncio vale ouro. Deixar a parte contrária falar sem ser interrompida ajuda a dispersar emoções negativas. Ouvir com atenção demonstra um desejo de compreender e valorizar o ponto de vista da outra pessoa.

Como resolver conflitos em sua vida

*Nunca se esqueça do poder do silêncio, aquela pausa
imensamente desconcertante que se prolonga e finalmente
pode induzir um oponente a recuar nervosamente.*

— LANCE MORROW

Reformular: Reproduzir o ponto de vista da outra pessoa ajuda a identificar as preocupações dela e a incentiva a falar mais sobre sua posição.

Brainstorm: Usar uma abordagem colaborativa, em que ideias criativas sejam encorajadas e discutidas, promove acordo e consenso.

Persuadir com impacto: Saliente o lado bom de um acordo para a parte oponente. Você pode fornecer evidências de como ela poupará tempo e dinheiro e/ou obterá outro benefício.

Oferecer opções: Apresentar duas opções aceitáveis e dar uma escolha à outra parte pode dar prosseguimento às negociações e fazer a outra parte sentir que obteve um benefício.

Pedir comprometimento: Com frequência, o melhor modo de obter comprometimento é solicitá-lo. Fazer uma pergunta direta que exige uma decisão pode levar direto ao ponto e poupar muito tempo.

Agir imediatamente: Indicar um prazo ou uma pequena janela de oportunidade, fornecer bônus ou extras se a outra parte agir imediatamente são possibilidades que podem ajudar a dar seguimento ao processo e selar o acordo.

Ganhar tempo: Pedir tempo para pensar ou envolver outras pessoas pode dar a ambas as partes tempo para se reestruturarem e reavaliarem a situação.

Trazendo o conflito à tona

Erros comuns na negociação

As negociações ficam travadas quando uma ou mais das partes não conseguem reconhecer ou buscar a possibilidade de todos ganharem na negociação. A principal causa disso é um desejo avassalador de satisfazer as próprias necessidades e os próprios desejos sem levar em conta as necessidades ou os desejos das outras partes.

Especificamente, obstáculos, barreiras e erros comuns na negociação são:

- não identificar nem concordar com a questão específica a ser negociada;
- inabilidade em perguntar, ouvir e se comunicar;
- não confiar, respeitar nem achar a outra parte digna de crédito;
- falta de planejamento e preparação;
- não ter a mente aberta;
- ser rígido demais, congelado em uma posição, ou não estar disposto a correr riscos;
- ver a negociação como um confronto ou um contexto com ganhador e perdedor;
- não buscar entender os interesses, as necessidades e as preocupações da outra parte;
- concentrar-se em personalidades, não em problemas;
- tornar-se emocional ou desesperado, e deixar os sentimentos evoluírem para um conflito;
- ressaltar diferenças em vez de se concentrar em semelhanças;

Como resolver conflitos em sua vida

- perder o foco do problema e sair por uma tangente ou em outra direção;
- não respeitar a diversidade e ofender a outra parte;
- pôr a outra parte na defensiva;
- deixar que objeções ponham você na defensiva;
- fornecer uma solução, não colaborar para uma solução;
- deixar de mostrar como a solução beneficia o oponente.

A maior descoberta de todos os tempos é que uma pessoa pode mudar seu futuro apenas mudando sua atitude.

— OPRAH WINFREY

Resumo

- Um conflito não revelado pode custar caro para uma empresa e sua equipe. Ao deixar os conflitos sem resolução, perdemos a chance de melhorar ou fazer uma mudança que possa ter um impacto significativo não só em nós mesmos, como também nos outros.
- O melhor modo de lidar com queixas é evitar que surjam, praticando princípios de boas relações humanas em todos os aspectos das atividades da empresa.
- Ao lidar com conflitos, devemos:
  1. Identificar o verdadeiro motivo do conflito.
  2. Descobrir os sentimentos das partes envolvidas.
  3. Resolver o conflito rapidamente. Até a situação ser resolvida, haverá inquietação no departamento.

Trazendo o conflito à tona

4. Fazer todos os esforços para persuadir ambas as partes e seus partidários a aceitarem a resolução e a voltarem ao ambiente colaborativo de antes.

- Os conflitos não se limitam às empresas e muitas das técnicas usadas para resolvê-los no trabalho podem ser usadas eficazmente em questões pessoais.
- Um procedimento sistemático deve ser empregado quando uma queixa precisa ser abordada de maneira formal. Muitos procedimentos de queixas seguem os seguintes passos:

1. O autor da queixa discute o problema com seu supervisor imediato.

2. Se nenhuma solução for alcançada, o indivíduo deve ter a oportunidade de levar o problema — sem medo de represália — para o nível mais alto da gerência.

3. O próximo passo — se necessário — seria levar o problema para o gerente de recursos humanos, o gerente--geral ou outro alto executivo.

4. Se a queixa ainda não estiver resolvida, concordar em submetê-la a uma terceira parte mutuamente aceitável para arbitragem.

- Para apresentar nosso caso mais eficazmente quando estamos envolvidos em um conflito, devemos dominar a arte da negociação. O resultado ideal de uma negociação é aquele em que todas as partes fiquem satisfeitas. Isso geralmente é chamado de acordo em que "todos ganham".
- A capacidade de usar habilidades de negociação cujo resultado seja benéfico para todos pode fazer toda a diferença no sucesso da negociação.

Como resolver conflitos em sua vida

- As quatro etapas das negociações em que todos ganham incluem:
    1. *Identificação:* Identifique, defina, exponha e entre num acordo sobre a questão ou situação a ser negociada. Estabeleça a hora, o lugar e a pauta da reunião.
    2. *Preparação:* Investigue e reúna informações relevantes para os dois lados (para o seu caso e o do outro). Explore os interesses e as preocupações de todas as partes, todas as opções e as consequências de cada alternativa. Conheça os itens inegociáveis e negociáveis.
    3. *Apresentação:* Estabeleça o tom para uma troca de informações no espírito e clima de confiança e colaboração fazendo perguntas, se comunicando, ouvindo, discutindo, barganhando e apresentando ideias.
    4. *Pacto:* Aceite, concorde e se comprometa com uma solução em que todos ganhem.
- Os negociadores eficazes dominam as habilidades a seguir:
    - *Questionar:* Fazer perguntas que exigem respostas discursivas.
    - *Ouvir:* Ouvir com atenção demonstra um desejo de compreender e valorizar o ponto de vista da outra pessoa.
    - *Reformular:* Reproduzir o ponto de vista da outra pessoa ajuda a identificar os problemas.
    - *Brainstorm:* Obter soluções com discussões colaborativas.
    - *Persuadir:* Ao fornecer evidências de como o oponente poupará tempo e dinheiro, e/ou melhorar sua qualidade, mostramos ao nosso oponente os benefícios ou o valor para ele ou ela.

Trazendo o conflito à tona

- *Pedir compromisso:* Fazer uma pergunta direta que exige uma decisão pode levar direto ao ponto e poupar muito tempo.
- *Fornecer um incentivo:* Estabelecer um prazo ou fornecer um bônus pela pronta resposta pode acelerar o processo e selar o acordo.
- *Ganhar tempo:* Pedir tempo para pensar ou envolver outras pessoas na decisão pode dar a ambas as partes tempo para se reestruturarem e reavaliarem a situação.

CAPÍTULO CINCO

Do conflito à colaboração

Situações de conflito frequentemente são complicadas e difíceis de se resolver. Deixados por nossa própria conta, podemos ter uma capacidade limitada de lidar com muitas das questões que podem estar envolvidas em uma disputa no local de trabalho. Às vezes é melhor apelarmos para a experiência, a perícia, a criatividade e os valores de outros profissionais para resolver a situação.

Soluções colaborativas para conflitos permitem que todos os envolvidos sintam que fizeram tudo para resolver a situação profissionalmente. (Colaboração pode ser definida como: o ato de trabalhar com uma ou mais pessoas com o fim de se alcançar algo.) A colaboração de especialistas tira de nós a pressão de ter todas as respostas nessas situações e traz pontos de vista diversos para se obter um bom resultado.

Talvez mais importante do que ter a colaboração de profissionais para resolver conflitos no local de trabalho seja cultivar a colaboração entre a própria equipe. Trabalhar em conjunto

Como resolver conflitos em sua vida

cria um apreço pelas habilidades dos colegas — e, é óbvio, a sinergia de muitas mentes pode fornecer ideias excepcionais para o sucesso do negócio.

É nítido que contar com a colaboração de outras pessoas também pode ser uma técnica eficaz para resolver conflitos pessoais. Há momentos em que o ponto de vista objetivo de alguém de fora pode fazer toda a diferença para nos ajudar a ver soluções viáveis para o que parecem ser problemas insolúveis. Este capítulo tratará da colaboração tanto na área profissional quanto na pessoal.

> *Se eu vi mais longe que os outros foi por estar sobre os ombros de gigantes.*
>
> — Isaac Newton

Buscando ajuda para resolver problemas

Há ocasiões em que não podemos resolver um problema sozinhos. Devemos buscar conselhos ou ajuda direta de outras pessoas. Algumas dessas situações incluem os cenários a seguir.

Inexperiência

A maioria de nós se sente desconfortável em situações de conflito nas quais temos pouca experiência. Se estamos lidando com um cliente insatisfeito e não estamos a par de sua exata

Do conflito à colaboração

situação, podemos pedir a colaboração dos departamentos de vendas ou serviços para resolver o problema.

Quando a empresa XYZ adquiriu um novo sistema de montagem computadorizado, eles estavam muito satisfeitos com o treinamento que Amy, a treinadora designada pelo fornecedor, ofereceu à sua equipe. Contudo, quando alguns dos operadores da XYZ tiveram problemas com o sistema, o fornecedor enviou Tom, o técnico, para resolver a questão. O cliente se queixou de que, embora Tom tivesse resolvido os problemas, ele foi impaciente com os operadores e contrariou alguns deles com sua atitude. Eles reclamaram que Tom os fizera se sentir estúpidos quando não entenderam rapidamente as mudanças que ele sugeriu.

Tom se orgulhava de sua capacidade técnica e achava que havia sido muito eficaz transmitindo rapidamente suas ideias aos operadores. Por sugestão de seu chefe, ele pediu conselhos a Amy.

Amy se reuniu com Tom. Ela disse: "Os operadores desse departamento trabalharam com o equipamento antigo por anos, e não é fácil mudar hábitos de trabalho. Eles não são especialistas em tecnologia e muitos têm medo de cometer erros graves. Tom, você não pode presumir que pessoas sem treinamento técnico consigam se adaptar fácil ou rapidamente." Então, Amy se propôs a trabalhar com Tom para melhorar as habilidades interpessoais e os métodos de ensino dele. Ela o acompanhou em algumas de suas tarefas seguintes. A colaboração de Tom e Amy fez Tom ver os desafios enfrentados por novos usuários de seus sistemas, e ele se tornou um professor melhor. Os clientes ficaram muito mais satisfeitos com o serviço.

Como resolver conflitos em sua vida

Falta de um conjunto de habilidades ou conhecimentos

Em algumas situações, percebemos que nossas habilidades ou nossos conhecimentos não são suficientes para lidar profissionalmente com o conflito. Por exemplo, podemos precisar de alguém com habilidades mais avançadas de informática, escrita ou negociação para ajudar a resolver o problema, ou podemos nos ver em uma situação em que precisamos da ajuda de alguém com experiência jurídica ou contábil. A colaboração de outros oferece uma oportunidade de aprendizado e desenvolvimento das próprias habilidades.

Em um nível organizacional, muitos empregadores contam com a colaboração de especialistas externos para avaliar e fazer recomendações a respeito dos funcionários que estão tendo problemas como abuso de drogas ou álcool.

Empresas com programas de assistência ao funcionário têm ajuda profissional para membros da equipe que estejam enfrentando esses problemas (veja o Capítulo Três). Se sua empresa não tem um programa estabelecido, a administração deve conhecer pessoas ou organizações na comunidade a quem se possa recorrer quando necessário.

Falta de objetividade

Todos nós sofremos de falta de objetividade. Estamos acostumados a ver as coisas de uma perspectiva própria. Esse mesmo conceito se aplica a um grupo de funcionários. Quando pessoas

Do conflito à colaboração

que trabalham na mesma empresa tiveram treinamentos muito próximos ou compartilharam o mesmo ambiente por muito tempo, elas tendem a pensar da mesma forma. Quando enfrentam problemas, tendem a chegar às mesmas conclusões para resolvê-los. Às vezes é preciso um ponto de vista diferente e uma nova abordagem para resolver a situação (de fato, muitas inovações científicas foram feitas por pessoas com pouco conhecimento tradicional da área — esses indivíduos não são limitados pelo entendimento convencional do assunto). Pode ser muito útil procurar parceiros com outros pontos de vista.

> *As espécies que sobrevivem não são as mais fortes nem as mais inteligentes, e sim aquelas que se adaptam melhor às mudanças.*
>
> — CHARLES DARWIN

Falta de criatividade e inovação

Em muitas situações de conflito, as escolhas óbvias para a resolução são insuficientes. Nesses casos, buscamos a colaboração daqueles que podem nos ajudar a pensar fora da caixa.

No fim da Segunda Guerra Mundial, a Ford Motor Company enfrentou um grande problema — voltar a produzir carros para civis depois de anos produzindo veículos de combate militar. Henry Ford II, presidente da empresa, reconheceu que, para seguir em frente rápida e eficazmente, ele tinha de fazer mu-

Como resolver conflitos em sua vida

danças importantes na administração, e para isso tinha de sair da empresa.

Ford ouvira falar em um grupo de dez oficiais da operação de controle estatístico da Força Aérea dos Estados Unidos que fundaram uma organização para aplicar aos negócios o que havia funcionado tão bem para eles durante a guerra. Ford contratou os dez do grupo.

Esse grupo de "garotos-prodígio", como passaram a ser conhecidos, ajudou a empresa que perdia dinheiro a reformar sua administração caótica por meio de planejamento moderno, organização e controle de gestão. O grupo trabalhou em conjunto para renovar a empresa e torná-la altamente lucrativa. Um membro desse grupo, Robert McNamara, tornou-se o primeiro presidente da companhia que não era da família Ford. Isso levou o presidente Kennedy a nomeá-lo secretário de Defesa.

Falta de pessoal

Alguns conflitos exigem soluções complicadas que consomem tempo, e reconhecemos que não podemos lidar com o problema sozinhos. Isso pode envolver ter de entrar em contato com várias pessoas ou fazer pesquisas para verificação de fatos. Busque os esforços colaborativos de uma força de trabalho expandida quando você estiver no limite de seus recursos de tempo, habilidade e conhecimento.

Networking pode ser muito útil em momentos em que precisamos ampliar nossa equipe. Pessoas bem-sucedidas criam

Do conflito à colaboração

uma rede pessoal com outros indivíduos talentosos desde o início de suas carreiras. Isso é fácil de fazer. Quando você conhecer pessoas novas — em reuniões sociais e de negócios, associações profissionais e eventos comunitários, registre-as em seu arquivo de networking. Anote ali quem elas são, suas especialidades, onde as conheceu e outras informações pertinentes.

Digamos que enfrentamos um problema para abrir um escritório na Inglaterra. Nós procuramos em nosso arquivo de networking pessoas com experiência na Inglaterra e localizamos duas ou três que conhecemos. Isso pode nos fornecer informações extremamente valiosas para esse projeto.

Falta de espaço

Às vezes, a colaboração é necessária porque precisamos de mais espaço de trabalho do que o atualmente disponível.

Steve, um consultor financeiro, tem seu escritório central na cidade de Nova York. Como muitos de seus clientes vivem e/ou trabalham no condado de Westchester, um subúrbio afluente, ele subloca espaço no escritório de um advogado naquela área para poder se reunir com seus clientes de Westchester em um local conveniente para eles.

O advogado acabou de notificar Steve de que está se aposentando e deixando o escritório. A empresa que alugou o espaço não planeja sublocá-lo. Steve tem trinta dias para encontrar um novo local. Ele encontra um espaço adequado, mas só estará disponível dali a alguns meses. Steve precisa encontrar um local provisório.

Como resolver conflitos em sua vida

Ele tem de agir rápido. Nenhuma das sublocações disponíveis satisfazia suas necessidades, mas ele soube que um contador no mesmo prédio onde ele sublocava planejava trabalhar apenas três dias por semana depois do período de declaração de imposto de renda. Como Steve não precisava de um escritório todos os dias em Westchester, alugou o espaço pelos dias em que o contador não estava trabalhando lá. Colaborando com o contador, Steve resolveu seu problema e o contador reduziu suas despesas mensais.

Preocupações éticas

Em algumas situações de conflito, podemos não ter certeza de se o pedido — ou a exigência— de uma pessoa é ético ou apropriado. Por exemplo, podem nos pedir mercadorias grátis, reembolsos ou uma exceção à política geral de nossa empresa. Nesses casos, podemos consultar membros da administração sênior ou um advogado para nos certificarmos de que estamos alinhados com os valores e as práticas de negócios de nossa empresa.

Valores compartilhados

Nós entramos em sintonia com os outros através de nossos valores em comum. Dentro de comunidades, equipes de trabalho, famílias e outros sistemas sociais, os valores servem como

Do conflito à colaboração

uma base que guia as crenças e os comportamentos. Valores em comum dão sentido a acontecimentos, comunicações e interações dentro de grupos e os influenciam, além de ser o que mantém pessoas unidas para atingir objetivos compartilhados. Descobrir os valores em comum de nossa comunidade, nossa equipe de trabalho, nosso comitê ou nossa família é mutuamente benéfico, porque os valores:

- estabelecem regras básicas ou princípios norteadores de comportamentos e ações;
- moldam a cultura ou o ambiente em termos de linguagem, rituais, práticas, crenças e perspectivas;
- estabelecem uma base em comum de colaboração.

Quanto colaboramos? Um exercício de autoavaliação

A colaboração e a cooperação não se limitam ao local de trabalho. Ao adaptar uma abordagem colaborativa para todas as fases de nossas atividades, enriqueceremos muito nossa vida.

O primeiro passo é avaliar quanto somos colaborativos. Marque as afirmações a seguir que descrevam sua atitude na maior parte do tempo.

_____ 1. Eu ouço mais do que falo.

_____ 2. Eu peço às pessoas que me falem sobre seus interesses.

_____ 3. Eu tento imaginar como me sentiria se estivesse na situação da outra pessoa.

_____ 4. Quando alguém me fala sobre sua experiência, eu reflito sobre minhas experiências.

Como resolver conflitos em sua vida

_____ 5. Eu tenho uma tendência a julgar as ações dos outros.

_____ 6. Eu tento honestamente ver as coisas do ponto de vista da outra pessoa.

_____ 7. Eu formo opiniões me baseando na proporção que as pessoas correspondem às minhas expectativas.

_____ 8. Eu geralmente sou sensível ao humor das pessoas.

_____ 9. Eu prefiro trabalhar só.

_____ 10. Eu prefiro trabalhar com outras pessoas.

_____ 11. Eu me interesso mais pelas atitudes do que pelos sentimentos dos outros.

_____ 12. Eu fico impaciente quando as pessoas me falam sobre seus sentimentos e suas opiniões. Não preciso de muitos detalhes, só saber o que elas querem de mim.

_____ 13. Geralmente não há nada que eu possa fazer para resolver os problemas dos outros.

_____ 14. Eu realmente não tenho tempo para ouvir os problemas de todo mundo.

_____ 15. Eu quero saber como a outra pessoa está se sentindo em uma situação de conflito.

_____ 16. Eu sei como as pessoas da minha equipe vão reagir à maioria das situações.

_____ 17. Eu prefiro trabalhar com pessoas que partilham meus interesses e valores.

_____ 18. Geralmente recebo ótimas ideias de outras pessoas.

Se você marcou as frases 1, 2, 3, 4, 6, 8, 10, 15, 16 e 18, é um forte colaborador. Se marcou as frases 5, 7, 9, 11, 12, 13, 14 e 17, precisa tentar ser mais receptivo e paciente para melhorar suas habilidades colaborativas.

Do conflito à colaboração

Um processo para obter colaboração

Ao realizar o procedimento descrito a seguir, devemos ter em mente os valores em comum do grupo com que estamos trabalhando. Nossos colegas serão mais receptivos a ideias que refletem seus valores. Além disso, também devemos tentar nos conscientizar de como nos saímos na avaliação da nossa natureza colaborativa. Se houver alguma área que possa ser melhorada, faça questão de demonstrar essa melhora no processo de solução de problemas.

1. Deixe o objetivo explícito. O primeiro passo para obter cooperação é afirmar com nitidez o objetivo que queremos atingir. Os objetivos podem variar de uma solução imediata ou de curto prazo de um problema a um objetivo de longo prazo.

2. Reúna todos os fatos sobre a situação. Para chegar a uma solução imparcial que inclui contribuições de todos os envolvidos, devemos ser capazes de identificar e expor os fatos relevantes sobre o conflito.

3. Comunique a situação para todas as partes envolvidas. Todos os membros do nosso grupo precisam ter todas as informações sobre o problema para contribuir melhor para sua solução. Se você está ciente dos papéis específicos que gostaria que as pessoas assumissem no processo colaborativo, transmita-lhes essa informação.

4. Peça colaboração. Na linguagem mais simples possível, devemos pedir colaboração e o que precisamos da outra parte.

Como resolver conflitos em sua vida

Promova um brainstorm com seus colaboradores para obter o que procura: criatividade e inovação, recursos adicionais, experiência etc.

5. Considere opções possíveis. A maioria dos colaboradores espera que tenhamos pelo menos algumas ideias prévias sobre como lidar com o problema. Seja aberto a ouvir ideias novas e comentários sobre suas soluções.

6. Implemente a ação. Ponha em prática a solução o mais rápido possível durante o processo.

7. Faça um acompanhamento. Estabeleça um procedimento para acompanhar a eficácia da solução. Defina horários para verificações de progresso e explique claramente os modos pelos quais progresso será comunicado.

8. Avalie o resultado. Após três meses ou após outro período que faça sentido com relação ao problema e à solução, verifique com os envolvidos quanto estão satisfeitos com a resolução.

O caminho para atingir o sucesso é em primeiro lugar ter um ideal prático, claro e definido — um objetivo. Em segundo lugar, ter os meios para atingir os fins: sabedoria, dinheiro, material, métodos. Em terceiro lugar, ajustar todas as suas necessidades a esse fim.

— ARISTÓTELES

Vamos examinar alguns casos que ilustram como lidar com objetivos de curto prazo no local de trabalho.

Do conflito à colaboração

Caso 1: Restabelecendo boas relações com um cliente

Deixe o objetivo explícito

A Apogee Company é uma boa cliente de nossa empresa há vários anos. No último mês, um membro da equipe da Apogee se queixou de que o material que sua empresa havia encomendado não estava dentro dos padrões de qualidade. Nós pegamos o material de volta, o analisamos e encontramos uma pequena variação que corrigimos. Quando o devolvemos, eles ainda não estavam satisfeitos. Nosso objetivo é identificar o verdadeiro problema, fazer as mudanças necessárias e restabelecer a confiança da Apogee em nossa companhia.

Reúna todos os fatos sobre a situação

Nós estudamos a situação e descobrimos estes fatos:

- Todos exceto um dos componentes que usamos para fazer esse pedido eram os usados em todos os pedidos anteriores.
- Nós substituímos um componente porque o fornecedor havia aumentado seu preço.
- O fabricante do substituto nos garantiu que tinha a mesma qualidade do componente anterior.
- O cliente achou que o novo componente reduziu a eficácia do nosso produto.

Comunique a situação para todas as partes envolvidas

Exponha a questão para os membros da equipe que são responsáveis pela causa do problema e para aqueles a quem se pedirá ajuda para resolvê-lo. Por exemplo:

Como resolver conflitos em sua vida

- Escolha dois técnicos para visitar a Apogee a fim de estudar o processo deles e determinar por que o componente não é satisfatório.
- Escolha um membro da equipe para fazer uma comparação detalhada do componente antigo com o novo.
- Escolha o líder da equipe para coordenar as atividades.

Solicite colaboração

Nós precisaremos da colaboração de todos os funcionários envolvidos para ajudar a resolver o problema. Nesse momento, precisamos ter a dedicação de todos para satisfazer esse cliente.

- Peça aos membros da equipe que trabalhem em estreita colaboração uns com os outros, com os representantes do cliente e com o fornecedor.
- Promova um brainstorm sobre como fazer seu produto voltar ao que se espera.
- Peça ao cliente para sugerir soluções baseado em sua experiência.
- Reúna o cliente e o fornecedor com sua equipe para encontrar uma solução.

Considere opções possíveis

Depois de ouvirmos todos os envolvidos, devemos considerar as várias soluções apresentadas. Possíveis soluções podem incluir:

- Demonstrar ao cliente com a ajuda do fornecedor que o novo componente estará em conformidade com seus padrões.

Do conflito à colaboração

- Voltar a usar o antigo componente e aumentar o preço cobrado ao cliente para cobrir o custo mais alto.
- Voltar a usar o antigo componente e absorver o custo.

Implemente a ação
Dê todos os passos necessários para pôr em prática a solução.

- Estabeleça prazos para os membros da equipe completarem suas tarefas e se reportarem a você.
- Estabeleça horários para reuniões com o fornecedor e o cliente.

Faça um acompanhamento
Um administrador responsável se certificará de que a solução está sendo eficaz ao longo do tempo fazendo um acompanhamento. Alguns modos de fazê-lo podem ser:

- Escolher um líder de equipe ou supervisor, ou assumir ele próprio a responsabilidade de entrar em contato com o cliente para saber se está satisfeito com a solução.
- Assegurar-se de que todos os envolvidos serão avisados sobre discussões e informados sobre as opiniões do cliente.

Avalie o resultado
Como avaliar o resultado final vai depender do plano de ação que escolhemos.

Como resolver conflitos em sua vida

Se a solução envolveu o uso do novo componente, ou qualquer outra mudança na composição de nosso produto, logo após sua introdução devemos verificar se o cliente está satisfeito.

Se o produto antigo foi mantido a um custo adicional, devemos verificar periodicamente como isso afetou a Apogee e a nossa empresa.

Caso 2: O técnico infeliz

Deixe o objetivo explícito

Nós estamos preocupados com a possível perda de Eric, um membro valioso de nossa equipe técnica. Ele tem demonstrado insatisfação em relação às suas funções, e tememos que vá embora. Eric é um dos nossos melhores funcionários. Se ele for embora, não só perderemos sua produtividade, como teremos de dedicar um tempo a substituí-lo e treinar seu sucessor. Nosso objetivo é mantê-lo.

Reúna todos os fatos sobre a situação

Nós estudamos a situação e descobrimos estes fatos:

- As análises de desempenho de Eric sempre foram excelentes.
- Eric trabalhava cooperativamente com seu antigo chefe de equipe, Karl, que se aposentou seis meses atrás.
- Apesar de sua competência técnica, ele não foi promovido a substituto de Karl, porque tanto Steve, o superintenden-

Do conflito à colaboração

te da fábrica, quanto Clara, a gerente de recursos humanos, acharam que ele não tinha habilidades de liderança suficientemente fortes. O novo líder da equipe, Alex, foi contratado de fora da empresa.

- Eric se queixou disso com seus colegas, mas não levou sua insatisfação por ter sido preterido ao conhecimento da gerência. Seus sentimentos em relação a não ter sido promovido se manifestavam em suas ações. Eric sempre havia sido um participante ativo de discussões sobre novos projetos. Desde que Alex havia assumido, ele ficava sentado em silêncio nas reuniões. Seu entusiasmo diminuiu. Em vez de buscar a excelência, como fazia no passado, agora só buscava os padrões mínimos de qualidade e quantidade. Ele tem discutido com Alex sobre todas as mudanças que o novo chefe de equipe sugere, e tirou vários dias de folga. Dizem que ele está procurando um novo emprego.

Comunique a situação a todas as partes envolvidas

Quando essa situação chegou ao conhecimento de Clara, a gerente de RH, ela reviu o arquivo e reconheceu que esse problema poderia ter sido evitado se tratado de modo diferente. Reuniu-se com Steve, o gerente da fábrica, e salientou que em nenhum momento do processo de substituição havia sido feita qualquer comunicação com Eric. Para retê-lo, eles tinham de conversar com ele e recuperar sua cooperação e seu comprometimento.

Como resolver conflitos em sua vida

Solicite colaboração

Uma série de reuniões foi marcada para lidar com essa situação.

- Steve e Clara se reuniram para discutir o que poderia ser feito para manter Eric, embora naquele momento uma promoção não fosse uma opção.
- Eles se reuniram com Eric para saber sobre seus verdadeiros sentimentos em relação à sua posição e lhe garantir que queriam que ele ficasse.
- Eles se reuniram com Alex para alertá-lo da situação.

Considere opções possíveis

Para renovar o compromisso de Eric com a empresa, o grupo cogitou várias opções.

- Oferecer um aumento a Eric.
- Prometer a Eric uma promoção no futuro.
- Explicar para Eric que o motivo de ele não ter sido promovido não se baseou em seu desempenho, mas em sua falta de experiência em liderança.
- Oferecer a Eric um treinamento em liderança em cursos universitários, seminários e programas similares com a finalidade de prepará-lo para futuras promoções.

Implemente a ação

Todos acharam que seria bom para Eric e a empresa se ele tivesse um treinamento em administração e liderança.

Do conflito à colaboração

- Eric concordou em receber o treinamento em liderança.
- A equipe de recursos humanos providenciou um curso para ele.
- Alex incentivou Eric a participar da tomada de decisões. Ele faz questão de considerar as ideias de Eric e buscar seus conselhos.

Faça um acompanhamento

Para confirmar que o plano para incentivar a participação e o crescimento de Eric está funcionando:

- Clara se reúne periodicamente com Eric para discutir seu progresso.
- Steve se reúne periodicamente com Alex para determinar se o desempenho e a atitude de Eric voltaram ao nível anterior.
- À medida que Eric progride em seu treinamento de liderança, se aproxima mais rapidamente de uma promoção.

Avalie o resultado

Finalmente, seis meses depois do problema, a equipe administrativa avalia quanto a solução funcionou.

Nós ficamos sabendo que Eric está satisfeito com a oportunidade de crescer em sua carreira e voltou a ser um funcionário muito produtivo.

Quanto à empresa, o departamento de recursos humanos tem uma abordagem mais inclusiva das novas oportunidades. Adota um novo sistema para que haja melhor comunicação com

Como resolver conflitos em sua vida

os funcionários interessados em promoção, ao mesmo tempo que faz um acompanhamento dos empregados que não são escolhidos para serem promovidos.

Dicas para uma colaboração eficaz no local de trabalho

Os passos anteriormente descritos o guiarão no processo de cooperação para resolver problemas no local de trabalho. Ao prosseguir, mantenha em mente o que se segue.

Para a colaboração funcionar bem, as partes não devem se reunir cedo ou tarde demais. Uma situação de menor importância não precisa ser tratada por um grande grupo, e pode ser melhor tentar resolvê-la primeiro sem envolver um monte de pessoas. Por outro lado, se fizermos um esforço colaborativo tarde demais, podemos deixar de cumprir um prazo ou o problema pode aumentar.

Lembre-se também de que recursos de pessoal, tempo, dinheiro, espaço e suporte contribuem para a colaboração bem-sucedida. Há menos investimento em recursos quando agimos sozinhos, mas o retorno do investimento quase sempre é maior em longo prazo quando usamos as ideias de muitas partes.

Para maximizar os talentos e a experiência presentes na colaboração, todos os planos disponíveis, esboços, propostas em elaboração e objetivos devem ser partilhados. Um plano bem definido com frequência é o objetivo da colaboração. Quando o plano está posto, podemos obter a solução sozinhos.

Do conflito à colaboração

Por fim, é importante notar que a colaboração raramente sai do papel em culturas em que a administração é altamente controladora ou há limites rígidos entre departamentos e funções do trabalho. Equipes cooperativas que valorizam contribuições individuais são mais conducentes à colaboração eficaz.

Nós não agimos corretamente porque temos virtude ou excelência, mas as temos porque agimos corretamente.

— Aristóteles

Colaborando em nossa vida pessoal

Além de empregar bons esforços colaborativos no trabalho, eis outras áreas em que também podemos fazê-los funcionar.

Comunidade

Há inúmeras maneiras de se engajar em sua comunidade. Ser treinador de um time esportivo, distribuir alimentos aos mais necessitados, formar um grupo de vigilância do bairro, ser representante de pais e assistente dos professores na escola primária, doar sangue e se envolver em um partido político são todas maneiras de se trabalhar coletivamente para conquistar um objetivo comum. Devemos buscar nos comprometer com algumas dessas funções compartilhadas pela comunidade.

Como resolver conflitos em sua vida

Social

Valores cooperativos também podem ser expressos em nosso modo de socializar. Jogar em uma liga esportiva, participar de um clube do livro, ir a shows com amigos e outras atividades sociais nos permitem aperfeiçoar nossas habilidades colaborativas. Atualmente, grande parte da socialização se dá em torno da questão da saúde. Nós podemos nos exercitar na academia e fazer amigos lá, ou seguir um programa de emagrecimento com outras pessoas. Além disso, cada um de nós tem interesses pessoais, como música, jardinagem, escalada, pesca ou manter coleções, e geralmente gostamos de passar tempo com pessoas que partilham nossa paixão.

Qualquer atividade que realizamos com os outros pode ser uma oportunidade de colaborar ou aperfeiçoar habilidades colaborativas.

Educação

Alguns estão atrás de um diploma, outros têm filhos que estão atrás dos deles. Muitos estudam durante a vida inteira. A educação é um valor partilhado por muitas pessoas, e como estudantes ou pais (ou professores!) podemos promover um brainstorm e trabalhar com os outros para aprofundar a experiência do aprendizado.

Do conflito à colaboração

Espiritual

Nós não temos de frequentar o mesmo local de oração para partilhar valores espirituais. Características individuais simples como humildade, receptividade, solicitude ou empatia podem indicar valores espirituais partilhados, que fornecem a base da colaboração para o bem do mundo.

> *Não é difícil tomar decisões quando você sabe quais são os seus valores.*
>
> — ROY DISNEY

Nossos relacionamentos pessoais

É nítido que precisamos colaborar o tempo todo em nossa vida pessoal. Em nossa sociedade, ser "obstinado" frequentemente é considerado uma qualidade, mas para resolver problemas é muito melhor ter a mente aberta. Quando surgem conflitos pessoais, a melhor solução é a colaborativa, na qual os interesses de todos são levados em conta. Quando possível, faça todas as partes chegarem a um consenso. Vamos examinar mais detalhadamente um modo pelo qual poderíamos resolver um conflito usando interesses em comum como ferramentas para a solução de um problema.

Harry era o filho mais novo e único menino de uma mãe viúva que, com suas outras duas filhas, o mimavam desde criança. Depois de obter seu diploma universitário, ele havia arran-

Como resolver conflitos em sua vida

jado um emprego em uma empresa local e morado na casa da família por vários anos. Durante esses anos, suas atividades sociais eram principalmente com sua família e seus amigos. A maioria das mulheres que ele namorava fazia parte desse grupo. Mesmo assim, sua mãe e suas irmãs menosprezavam todas as mulheres nas quais ele parecia ter algum interesse. Nenhuma era "boa o suficiente" para seu Harry.

Com 32 anos, Harry foi promovido a gerente de uma filial em outra cidade. Então, pela primeira vez, estava por conta própria. Sua mãe e suas irmãs tentaram persuadi-lo a recusar a proposta, mas ele insistiu em que era importante para sua carreira.

Como era de esperar, Harry conheceu Sally, uma jovem adorável, na nova cidade. Eles se apaixonaram e decidiram se casar. Quando Harry levou Sally para conhecer sua mãe e suas irmãs, Sally sentiu a aura de antagonismo no instante em que entrou na sala. Era óbvio para ela que elas nunca a aceitariam.

Sally amava Harry e queria ter um casamento feliz, o que exigiria um bom relacionamento com a sogra e as cunhadas. O que ela poderia fazer para conseguir isso?

(Nota: Este seria um bom momento para se engajar em nosso exercício colaborativo. Antes de ler mais, pense em como poderíamos lidar com a situação. Então discuta o problema com outras pessoas e ouça suas opiniões antes de continuar a ler e comparar nossas soluções com as de Sally.)

Sally percebeu que não conseguiria superar a hostilidade sozinha. Precisava da total colaboração de Harry. Quando eles voltaram a ficar a sós, Sally expressou sua reação à visita.

Do conflito à colaboração

— Elas me odiaram — disse.

— Elas não a odiaram — respondeu Harry. — Elas ainda não a conhecem. Quando realmente a conhecerem, vão amar você.

Sally não estava feliz com a ideia de apenas esperar que sua sogra e suas cunhadas mudassem de ideia. Disse:

— Isso nunca vai acontecer se não trabalharmos juntos para superar a hostilidade delas. Minha amiga, Lois, teve problemas com os pais do marido e os dois procuraram a ajuda de um conselheiro matrimonial. Nós deveríamos procurar ajuda agora — será muito melhor nos casarmos com a bênção de todos do que ter de lidar com isso depois.

Harry concordou em ir com Sally ao conselheiro matrimonial. Depois de ouvir tanto Sally quanto Harry, o conselheiro descobriu que:

- Sally e a irmã mais nova de Harry, Sheryl, tinham um passatempo em comum: se dedicar ao *quilting* ou à produção de mantas acolchoadas.
- A mãe e a irmã mais velha de Harry, Abigail, tinham profundo interesse na árvore genealógica da família. A mãe de Sally também se interessava por genealogia e havia desenvolvido uma árvore genealógica multigeracional.
- O conhecimento de Sally no que diz respeito a design de roupas e fantasias seria de grande utilidade para todas as irmãs em seu trabalho como gerentes de palco no teatro local.

Como resolver conflitos em sua vida

O consultor sugeriu que:

- todos os membros da família se reunissem periodicamente para se conhecerem melhor;
- Sally se encontrasse com Sheryl para conversarem e talvez trabalharem juntas em suas costuras;
- Harry providenciasse um encontro das duas mães para discutir a genealogia de cada família;
- Sally conseguisse uma cópia do roteiro da próxima produção teatral e oferecesse alguns desenhos de figurinos e desse dicas sobre sua confecção.

Ao encontrar interesses em comum, a família de Harry passou a ver Sally como uma divertida colaboradora na vida de cada uma em vez de uma ameaça à sua unidade familiar. O antagonismo pode ser substituído por atividades colaborativas. Harry e Sally puseram essas sugestões em prática e não demorou muito para um relacionamento amigável começar.

Características da colaboração de uma equipe bem-sucedida

O mundo do trabalho mudou radicalmente nas últimas décadas. Houve um tempo em que os administradores seniores tomavam todas as decisões sobre o negócio e as filtravam através de uma série de camadas para os funcionários em geral. Agora estamos vendo esse tipo de estrutura administrativa ser substituído por uma organização mais cooperativa em que se espera que pes-

Do conflito à colaboração

soas em todos os níveis contribuam para cada aspecto das atividades empresariais.

As tarefas são agora realizadas por equipes — grupos de pessoas geralmente dirigidas por um líder que, juntos e com um plano de equipe, implementam e controlam o trabalho.

A essência de uma equipe é compromisso conjunto. Sem isso, os membros do grupo trabalham individualmente; com isso, eles se tornam uma poderosa unidade de desempenho coletivo.

Na equipe ideal, cada membro realiza sua função de modo que se encaixe com as funções dos outros membros, permitindo à equipe atingir seus objetivos. Com essa colaboração, o total se torna maior que a soma de suas partes.

Um excelente exemplo disso é uma equipe cirúrgica. Cada membro da equipe — cirurgiões, anestesista, enfermeiras e outros técnicos — realiza suas funções individuais com mestria. Mas, como uma equipe, suas interações fluem de forma perfeita. Todos estão comprometidos com um objetivo — o bem-estar do paciente.

Eis exemplos de equipes bem-sucedidas em todos os esforços: times esportivos, equipes de pesquisa de cura de doenças e equipes de bombeiros. Cada vez mais as empresas estão mudando para gestão de equipe.

Equipes *versus* grupos de trabalho

Nem todos os grupos são equipes. O grupo de trabalho tradicional é composto por indivíduos cujo trabalho é dirigido por um supervisor. Os membros fazem o que são incumbidos de

Como resolver conflitos em sua vida

fazer e são avaliados por seu desempenho individual. Em uma equipe, o líder orienta e facilita o trabalho dos membros, que dividem a responsabilidade de realizar o trabalho.

As equipes diferem fundamentalmente dos grupos de trabalho no sentido de que exigem responsabilidade tanto individual quanto mútua. Isso permite níveis de desempenho mais altos do que os indivíduos poderiam atingir sozinhos, mesmo em níveis de desempenho ótimos.

Embora formar equipes possa garantir melhor desempenho de seus membros, também traz mais riscos. Os grupos precisam de pouco tempo para planejar o trabalho, porque geralmente é determinado pelo supervisor. Decisões são implementadas por tarefas individuais específicas. Se as expectativas de desempenho puderem ser cumpridas dessa maneira, usar grupos de trabalho tradicionais é mais confortável e menos arriscado, consome menos tempo e permite menos interrupções do que usar equipes.

Contudo, se a organização busca abordagens criativas para realizar as tarefas, desempenho mais do que apenas satisfatório e a oportunidade de desenvolver as capacidades dos funcionários, deveria usar a abordagem de equipe.

A tabela a seguir diferencia grupos de equipes:

Grupos de trabalho tradicionais	Equipes
O líder domina e controla o grupo e o treinamento.	O líder é o facilitador.
Os objetivos são estabelecidos pela organização.	Os objetivos são estabelecidos pelos membros da equipe.

Do conflito à colaboração

O líder conduz as reuniões.	As reuniões são discussões participativas.
O líder designa tarefas.	A equipe planeja as tarefas.
Ênfase no desempenho individual.	Ênfase no desempenho da equipe.
Funcionários competem entre si.	Membros da equipe colaboram uns com os outros.
Comunicação flui do líder para baixo.	Comunicação flui para cima e para baixo.
Informações são frequentemente retidas pelos funcionários.	Informações são partilhadas.
As decisões são tomadas pelo líder.	As decisões são tomadas pela equipe.

Para criar um clima colaborativo interativo, pergunte constantemente aos membros da equipe: "O que você faria?" Ouça suas respostas e os incentive a continuar pensando sobre o problema e a fazer sugestões adicionais.

— ARTHUR R. PELL, CONSULTOR DE RECURSOS HUMANOS

Resumo

- Colaborando com outros dentro e fora de nossa organização, podemos ter acesso a experiência, perícia, criatividade e valores de outros profissionais para resolver problemas de maneira bem-sucedida.

Como resolver conflitos em sua vida

- Apoio colaborativo é necessário quando:
    - precisamos de mais experiência na área envolvida;
    - precisamos de um conjunto de habilidades diferente;
    - precisamos de uma perspectiva diferente;
    - precisamos de criatividade e inovação;
    - precisamos de mais pessoal;
    - precisamos de um local de trabalho adicional;
    - precisamos de uma verificação de valores.
- Nós entramos em sintonia com os outros por meio de nossos valores compartilhados. Esses valores em comum dão sentido aos nossos relacionamentos e formam a base para se encontrar soluções para problemas.
- Para efetivamente gerar colaboração:
    1. Deixe o objetivo explícito.
    2. Reúna todos os fatos sobre a situação.
    3. Comunique a situação a todas as partes envolvidas.
    4. Peça colaboração.
    5. Considere opções possíveis.
    6. Implemente a ação.
    7. Faça um acompanhamento.
    8. Avalie o resultado.
- Além de empregar bons esforços colaborativos no trabalho, eis outras áreas em que também podemos aplicar a colaboração:
    - em nossas comunidades;
    - em nossas atividades sociais;
    - em nossos estudos;
    - em nossa vida espiritual.

Do conflito à colaboração

- Nossa vida pessoal nos oferece inúmeras oportunidades de usar nossas habilidades colaborativas. Um bom modo de começar é procurar áreas em que todas as partes tenham um interesse em comum e usar isso como um trampolim para lidar com o problema.

CAPÍTULO SEIS

Mantendo a harmonia quando surgem conflitos

Especialistas em desenvolvimento organizacional nos dizem que o conflito é um dos mais poderosos catalisadores de transformação em relacionamentos, equipes ou organizações. Conflitos podem causar discórdia entre os funcionários envolvidos e transformar um ambiente de trabalho agradável em um de discórdia. A administração deve ficar atenta a sinais de conflito e tomar medidas para evitá-lo, se possível, e resolvê-lo rapidamente, caso ocorra.

"Nós raramente temos conflitos em nossa companhia", vangloriou-se Ted para um amigo. "Somos uma família feliz." Considerando-se que Ted é o diretor de recursos humanos de uma companhia que emprega mais de duzentas pessoas, deveríamos nos perguntar se um local de trabalho livre de conflitos é saudável.

É natural que em uma organização que emprega um grande número de pessoas haja desentendimentos, insatisfações e

Como resolver conflitos em sua vida

simples queixas. Se nenhum conflito é levado ao conhecimento da administração, isso não necessariamente significa que não haja algum. Pode significar que não há algum modo de o funcionário levar o conflito ao conhecimento da administração. A linha de comunicação pode estar bloqueada em algum ponto do caminho.

Problemas que não podem ser descobertos e corrigidos ou esclarecidos envenenam a mente dos queixosos. Em um momento ou outro, talvez no trabalho ou em nossa vida pessoal, sem dúvida nos vimos extremamente preocupados com o que fazer em relação a um determinado rumo de acontecimentos. A preocupação desvia nossa atenção do que temos de fazer e nos tira a paz. No local de trabalho, o foco de um funcionário em um problema pode se manifestar em mau desempenho, lentidão proposital no trabalho, pouca assiduidade e/ou alta rotatividade. Isso pode levar a um sério antagonismo por parte do funcionário. É importante para ele ter um meio de levar queixas e conflitos ao conhecimento de alguém na organização que tenha autoridade para resolvê-lo.

Estabelecendo comunicação aberta

A maioria das pessoas e organizações faz um bom trabalho de manter as linhas de comunicação abertas. Para auxiliar a resolução de conflitos, precisamos garantir que exista uma linha aberta de comunicação do mais alto cargo da gerência para cada funcionário e, igualmente importante, de cada funcionário para o mais alto cargo. Todos os procedimentos e as

Mantendo a harmonia quando surgem conflitos

políticas da empresa devem ser explicitamente repassados a todos os funcionários. Isso pode ser feito na forma de um manual do funcionário de fácil compreensão e através de reuniões de supervisores com os membros de suas equipes para esclarecer e reforçar o conteúdo do manual. Quando ocorrem infrações específicas, os supervisores são incentivados a conversar privadamente com os infratores primários antes de serem aplicadas ações disciplinares.

Os membros da equipe receberem informações da administração sênior raramente é um problema; a alta administração receber informações dos funcionários não é assim tão fácil. A pessoa-chave aqui é o supervisor, que será mais eficaz se ganhar a confiança de seus subordinados. Os funcionários também devem sentir que não só é "seguro", como também é útil levar suas queixas a seus supervisores, e que eles lidarão pronta e justamente com todas elas.

> *Os líderes bem-sucedidos veem oportunidades em cada dificuldade, em vez de dificuldade em todas as oportunidades.*
>
> — REED MARKHAM

Mantendo a paz

Como foi salientado no Capítulo Dois, se discórdia ou hostilidade forem mantidas em segredo, não só a situação não será resolvida, como também pode trazer sérias consequências. As

Como resolver conflitos em sua vida

pessoas envolvidas provavelmente não só deixarão de cooperar no ponto de discordância, mas também em outras coisas nas quais estejam trabalhando. Todas as partes envolvidas devem fazer um esforço para dissipar a tensão. Eis algumas diretrizes:

1. Trate do assunto quando os ânimos baixarem. Pouco pode ser feito quando os participantes estão irritados ou emocionalmente abalados. Se você achar que o problema é muito recente para ser abordado no momento, adie isso. Se não houver nenhuma urgência, pode marcar uma reunião em uma data posterior para discuti-lo. Se exigir ação mais rápida, até mesmo um pequeno intervalo pode servir para reduzir a tensão. Contudo, observe que não devemos esperar *demais* — as tensões podem se tornar "enraizadas" nas pessoas, e quanto mais elas repetem a "história negativa" para si mesmas, mais "verdadeira" se torna na mente delas.

2. Antes de reunir as partes, talvez você queira falar com cada uma separadamente para obter os respectivos lados da história. Faça perguntas que extraiam boas informações. Algumas perguntas boas para começar podem ser:

- Mara, diga-me como você vê essa situação.
- Quando você discutiu isso com Corey, o que ele propôs?
- Como você reagiu quando ele disse isso?
- Por que isso a chateou?
- Por que você acha que Corey não consegue entender seu ponto de vista?
- Há algo que eu possa fazer para ajudá-la?

Então fale separadamente com Corey e lhe faça perguntas similares.

Mantendo a harmonia quando surgem conflitos

3. Escolha um ambiente neutro. Se a disputa for entre líderes ou membros de equipes diferentes, leve todas as partes envolvidas para uma sala de conferências longe de seu espaço de trabalho usual. Quando a conversa ocorre no local de trabalho de um disputante, o outro pode se sentir pouco à vontade.

4. Se possível, trate o assunto como um problema da equipe. Digamos que dois colegas discordem sobre um assunto. Resolver esse problema é mais do que uma questão de disputa entre eles; o problema afeta toda a equipe.

5. Como facilitador da conversa, não a domine. Comece de modo amigável. Por exemplo, com um comentário como este: "Como vocês dois sabem, concluir esse projeto no prazo é da máxima importância. Agora, nos deparamos com um problema que precisamos superar. Mara e Corey, esse é o projeto de vocês, e vocês discordam sobre como concluí-lo. Vamos discutir isso e trabalhar juntos para chegar a um acordo."

6. Neutralize a discussão. Evite comentários acusatórios e sugerir que uma pessoa ou parte está certa ou errada. Por exemplo, em vez de dizer "Mara, você não considerou o fator custo", diga "Vamos examinar os custos envolvidos". Salientar a "falha" de Mara a colocará na defensiva.

7. Fale sobre o problema, não a pessoa. Com frequência, os oponentes encontram falhas um no outro e/ou culpam um ao outro pelo problema. Muitas vezes ouvimos coisas como "ela nunca presta atenção em mim" e "ele está sempre me dizendo

Como resolver conflitos em sua vida

o que fazer". Esses tipos de afirmação refletem o que está por trás do problema, mas não o abordam. Para dar prosseguimento à discussão em um tom positivo, conduza-a para o problema. Por exemplo, você pode dizer algo como: "Diga-me como a carga horária de trabalho está sendo distribuída" ou "Quais aspectos do trabalho estão causando mais problemas?".

8. Pare de falar e ouça. Lembre-se do velho ditado: "Temos dois ouvidos e uma boca para podermos ouvir mais do que falar." Problemas não podem ser resolvidos se não conhecermos todas as suas facetas. Encoraje os oponentes a falar livremente. Então ouça e aprenda.

9. Aja de acordo com o que ouvir. Seu papel é resolver o conflito para o projeto poder continuar satisfatoriamente. Se for bem-sucedido, não só resolverá um problema, como também aumentará a confiança de sua equipe em você.

Superando o conflito sem ressentimento

Controlar as próprias emoções é essencial para manter os caminhos de comunicação abertos. Dale Carnegie falou da importância disso em seus livros *Como fazer amigos e influenciar pessoas* e *Como evitar preocupações e começar a viver*. Ele identificou muitas diretrizes, relacionadas no Apêndice B, para nos ajudar a superar o conflito de modo produtivo e sem guardar ressentimentos. Vamos examinar como podemos usar alguns desses princípios na resolução de conflitos.

Mantendo a harmonia quando surgem conflitos

Ver da perspectiva dos outros

Quando se trata de resolver problemas, é melhor tentarmos ignorar nossa perspectiva e, sinceramente, buscar ver as coisas da perspectiva dos outros.

A reunião do comitê para levantamento de fundos chegou a um impasse. Jody, que havia presidido as três últimas reuniões, estava inflexível sobre o tradicional torneio de golfe não poder ser descontinuado: "Nós realizamos um evento de golfe em maio, todos os anos. Os membros anseiam por isso e sempre nos saímos muito bem financeiramente."

Kat, a atual presidente, salientou:

"Sim, Jody, eventos de golfe funcionaram no passado, mas a quantia levantada tem diminuído a cada ano. Devemos tentar outra coisa. Eu acho que deveríamos pensar em um leilão silencioso. Minha instituição de caridade favorita fez um no ano passado. Muitas empresas, restaurantes e até mesmo resorts de todo o mundo foram convidados a contribuir. Nós levantamos milhares e milhares de dólares."

Jody respondeu:

"Mas o torneio de golfe não só arrecada dinheiro, como dá a nossos beneméritos uma chance de oferecer aos convidados um dia maravilhoso, e também atrai recém-chegados interessados na organização."

Kat disse:

"Eu entendo seu ponto de vista. Dar a nossos membros uma chance de participar é importante, mas devemos encarar os fatos. Durante anos tivemos o benefício de usar gratuitamente o campo de golfe do Springfield Country Club, mas agora que o

Como resolver conflitos em sua vida

clube fechou teremos de encontrar um novo lugar, e nenhum dos outros campos de golfe locais é muito atraente. Com o leilão, nossos membros mais dedicados podem solicitar doações de muitas lojas e restaurantes que frequentam. Estou certa de que receberemos coisas realmente valiosas que os participantes ficariam felizes em comprar."

Depois de pensar um pouco sobre isso, Jody concordou:

"Acho que você tem razão. Sem o campo do clube de golfe, teremos dificuldade em atrair pessoas para o evento. O leilão requer a participação de nossos membros de modo diferente, mas estou certa de que eles ficarão felizes em entrar em contato com seus conhecidos na comunidade em nosso nome."

Não dê importância a coisas pequenas

Deixe para lá coisas pequenas que realmente não importam. Decida quanta ansiedade uma coisa vale e se recuse a aumentá-la. Na maioria das vezes, são realmente coisas irrelevantes.

Cientes de que no fim das contas muitas desavenças realmente não são importantes, deveríamos nos lembrar de escolher nossas batalhas e lidar com os problemas que de fato podem ter um impacto em nossos objetivos. Sue e Sara estavam planejando um chá de bebê surpresa para sua amiga, Lisa, que teria uma menina no mês seguinte. Sue achava que a decoração deveria ser cor-de-rosa.

"Cor-de-rosa sempre foi a cor das meninas", afirmou.

Sara discordou.

"Cor-de-rosa é bonito, mas Lisa adora lilás. Não há necessidade alguma de nos atermos ao cor-de-rosa. Vamos deixar de ser tão convencionais e usar lilás."

Ocorreu a Sue que elas estavam parecendo participantes de um *reality show*, e ficou constrangida. Sugeriu que usassem as duas cores, salientando que combinavam muito bem. Sara concordou.

Coopere com o inevitável

Se não podemos mudar algo que nos desagrada, precisamos aprender a aceitá-lo. Às vezes, uma decisão é tomada ou uma situação permanece independentemente de nossa posição, e ao nos afligir ou ser hostis em relação a isso só "chovemos no molhado". Por exemplo, o pai de Tim recebeu o diagnóstico de pré-diabetes. Seu médico lhe disse que perdesse um pouco de peso e se exercitasse mais. Tim encorajou o pai a mudar sua dieta, e comprou para ele um par de tênis de caminhada e um pedômetro para incentivá-lo a sair e caminhar com mais frequência. O pai de Tim ficou zangado com ele por "tentar controlar sua vida" e se recusou a seguir as recomendações do médico. Tim ficou muito frustrado, mas aprendeu a aceitar que a única pessoa que podia mudar o comportamento do seu pai era seu próprio pai.

Sempre que você está em conflito com alguém, há um fator que pode fazer a diferença entre prejudicar seu relacionamento e aprofundá-lo. Esse fator é a atitude.

— WILLIAM JAMES, PSICÓLOGO NORTE-AMERICANO

Como resolver conflitos em sua vida

Não busque vingança

Em nossa sociedade, tendemos a glamorizar a vingança — nos filmes e na TV, frequentemente os heróis são pessoas em busca de vingança contra aqueles que lhes fizeram mal. Mas, na verdade, buscar vingança é algo mesquinho. Se já fomos "bem-sucedidos" nisso, sabemos que não nos traz nenhuma satisfação, só faz com que nos sintamos mal de modo diferente. Raiva, ressentimento e ódio destroem nossa capacidade de viver nossa vida. Não deixe uma situação — ou uma pessoa — ter controle sobre sua felicidade.

Celebre a diversidade, pratique a aceitação e que todos nós possamos escolher alternativas pacíficas ao conflito.

— DONZELLA MICHELE MALONE

Estudos de casos de manutenção de harmonia

Vamos examinar três casos de conflito entre pessoas. Nota: Alguns leitores podem preferir trabalhar no caso sozinhos e outros, com um ou mais colegas. Escolha a melhor abordagem para você. Quando terminar de ler o caso, anote um plano para administrar o problema apresentado. Em seguida, leia a solução sugerida pelos autores deste livro. Saiba que não há uma resposta certa. Seu plano pode ser tão válido quanto o proposto.

Mantendo a harmonia quando surgem conflitos

Caso 1: O bônus

A equipe formada por Bob, Sharon e Mike foi incumbida de trabalhar em um projeto. Logo após começarem, Bob tirou uma licença por motivos pessoais. Não era a primeira vez em que Bob se ausentava quando a equipe precisava dele. Susan e Mike trabalharam diligentemente para concluir o projeto no prazo. O gerente de projetos fica em outra sala e não está atento a como o trabalho é feito. Está satisfeito pelo prazo ter sido cumprido, e autoriza a administração a dar um bônus a ser dividido pelos três membros da equipe. Mike e Sharon ficam aborrecidos por Bob receber uma parte do bônus sem ter realmente trabalhado no projeto, e decidem levantar essa questão e torná-la explícita, para que o bônus seja dado só a eles.

Analisando o caso, enumere os fatos pertinentes:
- O que o gerente de projetos sabe.
- O que Sharon e Mike sabem que o gerente de projetos não sabe.
- O que Bob não sabe.
- Como isso será levado ao conhecimento do gerente de projetos?
- Que argumentos Sharon e Mike apresentarão?
- Eles discutirão isso com Bob antes de apresentá-los?
- Se Bob achar que deveria ser incluído no bônus, que argumentos poderia apresentar?

Eis uma possível análise:

Como resolver conflitos em sua vida

O que o gerente de projetos sabe:

- O projeto é importante para a empresa.
- Os três membros da equipe (Bob, Sharon e Mike) são igualmente qualificados para o projeto.
- O crédito pelos resultados está sendo dado a todos três.
- Ele está feliz pelo prazo ter sido cumprido e autorizou um grande bônus a ser dividido pela equipe.

O que Sharon e Mike sabem que o gerente de projetos não sabe:

- Bob esteve ausente do escritório por três semanas e eles fizeram todo o trabalho.
- Bob tem uma tendência a se ausentar e essa não é a primeira vez em que não colaborou em uma ocasião de urgência.

O que Bob não sabe:

- Mike e Sharon estão bastante aborrecidos por ele não os ter ajudado no projeto.
- O gerente de projetos não sabia que Bob estava de licença na maior parte do tempo em que o trabalho era feito.

Mantendo a harmonia quando surgem conflitos

Execução do plano:

Sharon e Mike decidem discutir isso com Bob antes de levar a questão ao conhecimento do gerente de projetos. Bob fica muito chateado. Diz que eles são uma equipe e deveriam dividir todas as gratificações, e que o projeto nem poderia ser iniciado se ele não tivesse ajudado a pôr em dia tarefas anteriores a fim de que Sharon e Mike pudessem ficar livres para dar total atenção ao projeto. Salientou que, antes do início do projeto, os havia notificado de que se ausentaria, e presumira que eles informariam isso ao gerente de projetos.

Uma reunião com o gerente de projetos é marcada e Mike e Sharon apresentam sua posição. Bob contrapõe com seus argumentos. O gerente de projetos diz que pensará sobre isso e voltará a falar com eles.

Alguns dias depois, ele anuncia sua decisão:

"Vocês são uma equipe e deveriam trabalhar de forma colaborativa. Era responsabilidade de Bob me notificar de que planejava tirar licença e não presumir que outros membros da equipe fariam isso, mas como ele não notificou, os outros deveriam ter me notificado. Felizmente, Mike e Sharon conseguiram cumprir o prazo, mas, como eu sou o gerente responsável, cabia a mim autorizar que prosseguissem ou providenciar um substituto para Bob. Eu parabenizo Sharon e Mike pelo bom trabalho, mas também reconheço que a ajuda de Bob para pôr em dia as outras tarefas da equipe contribuiu para o sucesso deles. E também reconheço que é necessário reavaliar essa equipe e determinar se é interessante para a empresa e para a própria equipe que ela

Como resolver conflitos em sua vida

continue. A menos que um clima mais cooperativo e colaborativo seja estabelecido, é improvável que essa equipe funcione de maneira eficaz. Eu providenciei para vocês três um treinamento em formação de equipes. Quanto ao bônus, vinte por cento do total serão pagos a Bob como compensação pelo trabalho que fez e em reconhecimento de que ele é parte de uma equipe funcional. Sharon e Mike dividirão o restante igualmente.

Não pense em nocautear o cérebro de outra pessoa porque ela tem uma opinião diferente da sua. Isso seria tão irracional quanto bater na própria cabeça porque você é diferente do que era dez anos atrás.

— HORACE MANN

Caso 2: Espaços apertados

Deborah está em uma equipe de vendas e se dá bem com os demais membros. Recentemente, devido a reformas no prédio, todos os membros da equipe tiveram de se amontoar em uma sala pequena. A sala é quente e barulhenta. Desde a mudança, as vendas pessoais de Deborah caíram dez por cento, e ela acha que o ambiente contribuiu para isso. Outros em sua equipe tiveram um aumento nas vendas. As vendas de Brendan aumentaram 32 por cento desde a mudança, e ele está satisfeito com seu sucesso. A empresa divulga os números de vendas de todos os membros da equipe em uma tentativa de criar competição amigável entre eles. Deborah diz para Amanda, a líder da equipe, que algo tem de ser feito para resolver o problema do espaço apertado.

Mantendo a harmonia quando surgem conflitos

Como no caso anterior, analise a situação. Anote:

- Quais são exatamente os fatos da situação?
- Como Deborah vê a situação?
- Como Brendan e os outros membros da equipe veem a situação?
- Que opções Amanda tem para restabelecer a harmonia no departamento?
- Que soluções possíveis seriam aceitáveis?

Após trabalhar nesse caso só ou com um ou mais colegas, encontre uma solução. Depois a compare com o que se segue:

Os fatos da situação:

- Todos conhecem as dimensões da sala. A equipe permanecerá nesse espaço por pelo menos seis meses. Depois disso se mudará para um espaço maior, mas ainda assim em um ambiente aberto com toda a equipe na mesma área.
- Os números de vendas são divulgados para que todos saibam dos resultados uns dos outros.
- Todos os vendedores trabalham por comissão e, além disso, há um bônus mensal para quem vender mais.

Como Deborah vê a situação:

- Deborah sempre se distrai muito quando há outros trabalhando na mesma sala. É difícil para ela se concentrar ao telefone quando outras pessoas estão falando.

Como resolver conflitos em sua vida

- Ela acabou de comprar uma casa nova e não pode se dar ao luxo de ter uma redução em suas comissões. Sua produtividade já caiu dez por cento.
- Deborah frequentemente ganhava o bônus mensal e acha que, nas atuais circunstâncias, está em desvantagem.

Como Brendan vê a situação:

- Brendan adora a animação de trabalhar perto de seus colegas.
- Falar com todos os membros da equipe e ouvi-los lhe proporciona novas ideias e abordagens que ele não havia tentado antes.
- O ambiente de alta energia da sala pequena o estimula.
- Os resultados: um aumento de 32 por cento em sua produtividade pessoal.

Como os outros membros da equipe veem a situação:

- A maioria dos membros da equipe não a considera boa ou má. Alguns comentaram que não estão felizes com o espaço apertado, mas o aceitam como um arranjo temporário e reconhecem que têm de tirar o melhor proveito dele. Seis meses não são uma eternidade.
- Eles entendem por que Deborah está infeliz. Ela sempre foi muito reservada, mas agradável e disposta a ajudar os outros vendedores quando lhe pediam.

Mantendo a harmonia quando surgem conflitos

- Desde a mudança, Deborah se tornou mais isolada e passa bastante tempo angustiada.
- O mau humor de Deborah afetou o moral do grupo. Como um vendedor comentou: "Não é agradável ser obrigado a ouvi-la sempre se queixando da situação."

O que Amanda acha que deveria fazer para restabelecer a harmonia no departamento:

Após várias conversas em particular com Deborah, assim como com outros membros da equipe, Amanda decidiu fazer um brainstorm sobre o problema com toda a equipe. Ela convocou uma reunião. Salientou que não havia como encontrar outro espaço durante o período da reforma, e que eles tinham de trabalhar no atual até o novo escritório ficar pronto. Várias ideias foram apresentadas e, como na maioria das sessões de brainstorm, uma ideia levou a outra e eles chegaram a um acordo razoável.

Algumas soluções possíveis:

Para o presente:
- Deborah e quaisquer outros membros da equipe que se sentissem perturbados pelo ambiente barulhento poderiam ser transferidos para o fundo da sala, longe das pessoas que falavam alto.

Como resolver conflitos em sua vida

- Fones de ouvido para reduzir o barulho perturbador poderiam ser fornecidos e conectados aos telefones daqueles que os quisessem, para que não fossem distraídos por outras conversas.
- As pessoas que gostavam de conversar e trocar ideias ficariam do lado oposto da sala.

Para o novo escritório:

- Discutir com a administração a construção de algumas cabines à prova de som para Deborah e outros que trabalham melhor sozinhos.
- Se isso não for possível, separar uma parte do espaço aberto com uma fileira de plantas para abafar o som.
- Fazer sessões de brainstorm regulares das quais todos os representantes de vendas participem, para permitir a toda a equipe — não só pessoas como Brendan — discutir ideias e técnicas para resolver problemas enfrentados nas atividades de vendas cotidianas.

Caso 3: Mudando o serviço de bufê do clube

Durante os últimos seis anos, o Woodlands, um country club com trezentos sócios, usou o City Center Caterers para administrar seu restaurante. O City Center fornecia almoço e jantar todos os dias, um bufê de brunch aos domingos e um bufê especial em eventos como casamentos e festas particulares dos

Mantendo a harmonia quando surgem conflitos

sócios. Sendo uma churrascaria, os pratos principais do City Center eram em sua maioria carnes de boa qualidade e frutos do mar, preparados de modo tradicional.

A maioria dos sócios estava satisfeita com a comida e o serviço, mas outros haviam reclamado que preferiam uma variedade maior de carnes, incluindo algumas opções mais gourmet. Quando isso foi levado ao conhecimento da administração do City Center, eles rejeitaram polidamente a sugestão, dizendo: "Nós somos conhecidos e amplamente respeitados por nossa culinária. O que vocês sugerem não é do nosso estilo."

Na reunião seguinte do conselho, Michelle fez uma moção para o contrato com o City Center não ser renovado e formarem um comitê para procurar outro serviço de bufê.

Jeremy, outro membro do conselho, se opôs. Ele disse que a maioria dos sócios estava satisfeita com o City Center e apreciava a culinária deles: "A maioria de nós é do tipo que gosta de bife e batata. Se eles querem pratos sofisticados, há muitos restaurantes na cidade que os servem." O presidente do clube decidiu suspender a moção e trazê-la à pauta na próxima reunião.

Ajude a definir o cenário para resolver o problema. Como no caso anterior, analise a situação. Anote:

- Quais são exatamente os fatos da situação?
- O City Center Caterers administra o restaurante há vários anos.
- Sendo uma churrascaria, seu cardápio oferece principalmente carnes e frutos do mar.
- Alguns sócios preferem opções mais gourmet.

Como resolver conflitos em sua vida

- O City Center Caterers rejeita essa sugestão por achar que eles são conhecidos por seu cardápio atual.
- Michelle, membro do conselho, faz uma moção para substituir o City Center por outro fornecedor de refeições para o clube.
- Jeremy, outro membro do conselho, se opõe.
- A moção é suspensa até a próxima reunião.

Como Michelle vê a situação:

- Comida de churrascaria pode agradar aos sócios mais velhos, mas os mais novos buscam mais variedade.
- Os sócios mais jovens não frequentam muito o restaurante e não costumam escolher o clube para eventos particulares.
- Nosso clube deixa de atrair negócios que poderia obter com um cardápio mais contemporâneo.
- Há vários excelentes fornecedores na área que poderiam oferecer um cardápio que satisfizesse os sócios que gostam de "bife e batata", assim como oferecer opções mais exóticas e especiais de pratos principais, entradas e sobremesas.

Como Jeremy vê a situação:

- A maior parte dos frequentadores regulares do clube está feliz com a comida e o serviço oferecidos.

Mantendo a harmonia quando surgem conflitos

- O clube trabalha bem com o City Center há anos, e muitas vezes o City Center fez um esforço a mais para atender aos pedidos do clube.
- Os assim chamados fornecedores gourmet podem ser bons com suas refeições especiais, mas frequentemente estragam um "prato bom e comum" com seus molhos extravagantes.

Como o City Center vê a situação:

- O Woodlands Club é um de nossos melhores clientes há muitos anos e não queremos perdê-lo.
- No passado, tentamos pratos menos convencionais, mas poucos de nossos clientes os pediram e a comida foi desperdiçada.
- O chefe de cozinha de longa data do Woodlands realmente controla nosso cardápio e, embora ele seja muito bom, reluta em experimentar coisas novas.

Uma solução possível:

Entre as reuniões, tanto Michelle quanto Jeremy discutiram o assunto com os sócios do clube. Muitos concordaram que gostariam de mais variedade, e achavam que deveriam ser feitas mais tentativas de convencer o City Center a acrescentar novos itens.

Na reunião seguinte, depois de uma longa discussão, ficou decidido que em vez de formar um comitê para buscar um novo

Como resolver conflitos em sua vida

fornecedor, Michelle, Jeremy e o presidente do clube se reuniriam com o gerente do City Center para tentar chegar a um acordo satisfatório.

Depois da reunião com o fornecedor, ficou decidido que seria feito um ajuste temporário para experimentarem novos itens do cardápio. Isso envolveria:

- A contratação de um subchefe de cozinha, que desenvolveria e introduziria novos itens a cada semana.
- Manter registros dos pedidos que seriam feitos.
- Sondar as reações dos sócios ao novo cardápio.
- Continuar a oferecer todos os itens do cardápio atual.
- Oferecer aos sócios opções tanto do cardápio atual quanto dos cardápios gourmet para festas particulares no clube.
- Uma cuidadosa avaliação da experiência ao fim de seis meses.

Há três modos de lidar com a diferença: dominação, concessão e integração. Na dominação, apenas um lado obtém o que quer; na concessão, nenhum dos lados obtém o quer; na integração, encontramos um modo pelo qual ambos os lados podem obter o que querem.

— MARY PARKER FOLLETT

Resumo

- Se nenhum conflito é levado ao conhecimento da gerência, isso não necessariamente significa que não haja algum.

Mantendo a harmonia quando surgem conflitos

Pode significar que não há um modo de o empregado levar o conflito ao conhecimento da administração.

- Um conflito não revelado pode custar caro para a empresa e sua equipe. Tira-nos a chance de melhorar ou fazer uma mudança que possa ter um impacto significativo.
- A maioria das pessoas se sente desconfortável diante de um conflito. Ele atrapalha a rotina e as faz se sentir vulneráveis.
- Para resolver um conflito, use a abordagem pragmática:
  1. Preveja problemas que podem levar a conflitos e os resolva antes que surjam.
  2. Use o processo de conflito como um modo de adquirir mais conhecimento sobre as questões envolvidas.
  3. Crie acordos para resolver os problemas em que todos saiam ganhando.

Diretrizes quando diante de um conflito:

- Trate do assunto quando os ânimos baixarem.
- Escolha um ambiente neutro para discutir o problema.
- Trate o assunto como um problema da equipe, se apropriado.
- Não domine a discussão.
- Faça perguntas que extraiam informações boas e factuais.
- Assuma uma posição neutra. Evite comentários acusatórios.
- Fale sobre o problema, não sobre as pessoas envolvidas.
- Pare de falar e ouça.
- Aja de acordo com o que ouvir.

Como resolver conflitos em sua vida

Algumas diretrizes para nos ajudar a superar o conflito de modo produtivo e sem guardar ressentimentos:

- Tente sinceramente ver as coisas da perspectiva da outra pessoa.
- Não dê importância a coisas pequenas.
- Aceite as coisas que não pode mudar.
- Decida quanta ansiedade uma coisa vale e se recuse a aumentá-la.
- Nunca busque vingança. Nós ficamos mais satisfeitos quando damos a outra face em vez de nos vingarmos daqueles que achamos que nos fizeram mal.

CAPÍTULO SETE

Lidando com pessoas e circunstâncias difíceis

*A questão na vida não é se você será derrubado. Você
será. A questão é: você está pronto para se levantar... e
lutar por aquilo que acredita?*

— DAN QUAYLE

Em todos os aspectos de nossa vida, não importa quanto tentemos nos relacionar bem com os outros, sempre podem surgir conflitos e desentendimentos. Nós podemos ter de lidar com gerentes, colegas, contatos sociais ou membros da família ingratos.

É óbvio que queremos resolver conflitos e seguir em frente, mas devemos aceitar que algumas pessoas e circunstâncias sempre colocarão em xeque nosso sossego. Talvez tenhamos um supervisor que frequentemente é desagradável e crítico. Talvez um cunhado que parece gostar de nos pôr para baixo ou um membro de nosso círculo social que falseia seu *handicap* no golfe e assim "vence" quase todas as partidas. Temos de

Como resolver conflitos em sua vida

aceitar que algumas pessoas e circunstâncias simplesmente não nos agradarão — nossas tentativas de resolver a situação podem ser inúteis, ou simplesmente pode não haver nada que possamos fazer para mudá-la.

A maneira com que lidamos com esses desafios e/ou aborrecimentos não só afeta a situação imediata, como também pode ter um sério impacto em nossa saúde mental.

Vamos examinar algumas dessas situações e ver como podemos administrá-las.

Aceitando a crítica

Desde pequenos, somos criticados por pais, parentes, professores, chefes e até mesmo estranhos. Ninguém é perfeito, e ser criticado é um modo de aprender a corrigir erros, mudar comportamentos e melhorar o que fazemos. Isso é um fato essencial da vida e, se a crítica for feita da maneira correta, pode ser importante para nosso crescimento e amadurecimento. É claro que nossos erros devem ser apontados para que possamos corrigi-los, mas se a crítica for feita de maneira fria e cruel pode fazer com que nos sintamos estúpidos e incapazes, e destruir nosso moral.

Dale Carnegie advertiu as pessoas de que não deveriam "criticar, condenar ou reclamar".

Ele escreveu: "Em vez de condenar as pessoas, vamos tentar compreendê-las." Infelizmente, muitas pessoas não tentam nos entender. Quando não gostam do que fazemos, nos atacam. Nós não podemos mudar-lhes as personalidades, mas podemos lidar com a crítica construtivamente.

Lidando com pessoas e circunstâncias difíceis

Lidando com a crítica

Talvez nos lembremos de uma ocasião em que oferecemos a alguém uma oportunidade de melhorar sua conduta. Nós realmente queríamos ajudar essa pessoa a obter sucesso no que ela estava tentando fazer. Nosso objetivo não era magoá-la. Da mesma forma, não precisamos ficar na defensiva ou ofendidos quando alguém critica nosso desempenho ou comportamento. A crítica é parte do processo de aprendizado.

Só podemos aprender se nossos erros forem apontados para nós. Obviamente, o melhor modo de fazer isso é construtivamente e com tato. Embora não possamos controlar o modo como os outros se expressam, podemos controlar como reagimos a eles. Cabe a cada um de nós ver a crítica como uma experiência de aprendizado, e não de humilhação.

Assuma a responsabilidade

"A culpa não foi minha", soluçou Lois. "Eu não fiz isso." Negar ou culpar os outros é uma reação comum a um comentário crítico. Nós podemos nos apressar a negar a responsabilidade independentemente de se somos responsáveis pelo problema ou não. "É você quem está errado. Eu estou fazendo do modo como me ensinaram."

Devolver a culpa a quem faz a crítica ou culpar uma terceira pessoa por um erro é considerado por alguns uma reação humana normal. Crianças pequenas acusadas de uma travessura apontam o dedo para outra criança com o intuito de fugir da punição. Muitos de nós levamos esse comportamento para a vida adulta... e às vezes nos safamos disso.

Como resolver conflitos em sua vida

Contudo, cabe a nós, como adultos, nos responsabilizarmos por nossos erros. Deveríamos ver a crítica como um modo de aprender. Nós fazemos coisas erradas e, como pessoas maduras, devemos aceitar correção. Mas, como a crítica frequentemente é feita sem tato, o ressentimento domina nosso pensamento.

Em vez de pensar sobre o que foi criticado, uma reação comum é se concentrar no autor da crítica. Estes pensamentos podem passar pela nossa cabeça: "Eu a odeio"; "Eu odeio esta empresa"; "Isso não é justo"; "Isso não vai ficar assim"; "Está bem, vou fazer isso do jeito dela, mas não vou me matar de trabalhar"; "Espere só até eles me pedirem alguma coisa".

Esses pensamentos negativos não resolvem nada e só servem para nos deixar mais infelizes. Do mesmo modo como Dale Carnegie disse para o autor da crítica tentar entender as pessoas que criticava, deveríamos tentar entender as pessoas que nos criticam.

Brian teve a chance de praticar a aceitação da crítica no escritório. Ele estava realmente furioso. Seu chefe, Joe, tinha dado uma bronca nele na frente de todo o departamento por ter tomado uma decisão ruim sobre um projeto pelo qual era responsável. Além de fazer Brian parecer estúpido para seus colegas, ele ainda considerava que a decisão que tomou estava baseada num julgamento correto.

Brian saiu da sala bufando e pronto para pedir demissão. "Como posso trabalhar para uma pessoa que me critica injustamente, além de me constranger na frente de meus amigos?", pensou.

Depois de se acalmar, ele reconsiderou sua reação. Claro que Joe havia lidado mal com a situação, mas pedir demissão o

Lidando com pessoas e circunstâncias difíceis

prejudicaria muito mais do que a falta de consideração de'seu supervisor. Brian ainda acreditava que sua decisão estava correta, mas seu chefe podia ter a opinião dele e, em última análise, era o responsável pelo resultado do projeto.

Ao aceitar a crítica e não deixar que isso se transformasse em um ressentimento de longo prazo com relação a seu chefe, Brian foi capaz de repensar o projeto, discutir racionalmente com Joe os motivos de sua decisão e chegar a uma solução mutuamente aceitável, que era melhor que suas ideias originais e as ideias de Joe. E, principalmente, Brian percebeu a importância de não deixar a crítica — independentemente de quão mal apresentada tenha sido — afetar seu relacionamento com seu chefe.

Não leve para o lado pessoal

Lembre-se de que a crítica não foi a nós, mas ao que fizemos. A maioria dos supervisores e colegas não quer nos humilhar, mas nos ajudar a corrigir uma situação. Infelizmente, sua falta de tato pode não refletir isso. Nós não somos estúpidos ou ineptos. Foi o trabalho que foi criticado — não o ser humano que o fez. Talvez você se lembre do livro *Os quatro compromissos*, de Don Miguel Ruiz. Uma das quatro ideias que ele apresenta é: "Não leve nada para o lado pessoal." A ideia de Ruiz era que aquilo que os outros dizem e fazem é um reflexo de suas percepções e visões de mundo. Por conseguinte, a crítica que uma pessoa nos faz é basicamente uma afirmação sobre ela própria. Não há necessidade alguma de ficar com raiva, ofendido ou constrangido com suas palavras. Nossas emoções devem ficar fora disso.

Lembre-se de que um supervisor é avaliado pelo sucesso de seu departamento. Se nós não formos bem-sucedidos, isso se

Como resolver conflitos em sua vida

refletirá no supervisor. Se nosso chefe usa palavras que parecem ásperas, é provável que seja por autodefesa, mas em longo prazo estará nos ajudando.

Valorize a informação

As pessoas realmente maduras podem aprender até mesmo com a crítica mais maliciosa. Se a crítica nos tornou conscientes de um ponto fraco, defeito ou erro não percebido, podemos aprender com ela. Concentre-se na lição — esqueça o método.

> *Não faz nenhuma diferença se o que você enfrenta é algo*
> *que afeta seu trabalho, seus relacionamentos pessoais, sua*
> *sensação de segurança, sua autoestima ou sua aparência —*
> *o modo de pensar sobre a situação determina em grande*
> *parte se você fará algo sobre isso e o que fará.*

— Dr. Arthur Freeman, psicólogo e escritor

O chefe insensato

Algumas pessoas parecem ser mais francas em suas críticas do que outras, e em cargos de supervisão podem simplesmente achar que devem estar sempre corrigindo sua equipe.

Quando perguntaram a Jack por que ele sempre ralhava com seus empregados, ele respondeu: "Esse é o trabalho do chefe." Jack sempre havia trabalhado para chefes que o criticavam, condenavam e reclamavam, e presumia que esse era o modo de supervisionar os outros.

Arlene era perfeccionista e não conseguia tolerar pessoas que não cumpriam suas altas expectativas. Ela perdia a paciên-

Lidando com pessoas e circunstâncias difíceis

cia com quem não aprendia bem e rápido, e muitas vezes expressava seu descontentamento em voz alta e sarcasticamente. Arlene dizia para si mesma que não era nenhuma trouxa e não ia ter medo de falar o que pensava. Ela não havia aprendido que podia fazer isso de modo proveitoso e encorajador, e que produziria melhores resultados.

A maioria de nós não tem nenhum controle sobre quem será nosso chefe. Podemos ter um ótimo relacionamento com nosso supervisor, mas quando ele sair do emprego, pode vir um substituto com estilo de administração totalmente diferente que achamos intolerável.

Como não podemos esperar mudar o comportamento do nosso chefe, o melhor modo de lidar com essa situação é nos concentrarmos no que podemos mudar — nossas reações. Tente estas táticas:

1. Lembre-se de que uma crítica injusta frequentemente é um elogio disfarçado. Às vezes as pessoas são tão inseguras de seu próprio sucesso que criticam os outros como um modo de fazer os próprios erros parecerem menores. Se alguém está nos criticando injustamente, não demorará muito para os outros perceberem isso.

2. Faça seu trabalho o melhor que puder. Você não pode controlar a atitude do chefe ou o que ele diz sobre você. Mas pode muito bem controlar seu desempenho no trabalho. As pessoas da gerência notarão seu desempenho.

3. Tente sinceramente ver as coisas do ponto de vista da outra pessoa. Ponha-se no lugar dessa pessoa — com todas as suas tensões e preocupações — e você poderá encontrar algumas

Como resolver conflitos em sua vida

pistas para explicar o comportamento dela. Claro que isso não justifica o que ela faz, mas sua empatia pode começar a derrubar as barreiras que o frustram.

Os desafios da vida não devem paralisá-lo; devem ajudá-lo a descobrir quem você é.

— BERNICE JOHNSON REAGON,
COMPOSITORA E CANTORA NORTE-AMERICANA

4. Fale bem de seu supervisor. Isso pode parecer contraintuitivo, mas na verdade é útil dizer coisas boas sobre um supervisor difícil. Dê a seu chefe uma boa reputação para preservar. Diga aos outros quanto ele é importante para a empresa. Ressalte até mesmo a menor característica positiva. Então, não importa o que o supervisor faça, trate-o como se ele estivesse fazendo jus a essa reputação. Até mesmo a pessoa mais desagradável tem dificuldade em ser maldosa frente à gentileza contínua.

5. Invista no relacionamento. Faça seu supervisor saber que você deseja ter um bom relacionamento de trabalho com ele, e depois pergunte o que pode fazer para melhorá-lo. Se achar apropriado, pode ser que você queira se desculpar por qualquer coisa que tenha sido ruim nas interações de vocês. Garanta-lhe que, antes de tudo, quer que a empresa seja bem-sucedida.

6. Peça conselhos. Se seu chefe se sente ameaçado por sua expertise, dê-lhe algumas chances de mostrar a superioridade dele. Peça ao seu supervisor que dê opiniões sobre áreas que ele realmente conhece melhor que você.

Lidando com pessoas e circunstâncias difíceis

7. Corrija erros imediatamente. Se você descobrir que seu supervisor está espalhando inverdades a seu respeito, informe-o de que sabe o que foi dito e que isso não é verdade. Não seja rude, só afirme que deve ter havido um erro de comunicação e você deseja que isso seja esclarecido.

8. Não espere que seu supervisor mude da noite para o dia. Como já foi mencionado, não podemos mudar as outras pessoas, só podemos mudar nossas reações ao comportamento delas. Enfrente a situação de cabeça erguida, lidando com cada incidente que surgir, e não se preocupe com o que elas podem fazer amanhã.

9. Encha sua mente com pensamentos de paz, coragem, saúde e esperança. Supere os aborrecimentos diários causados por seu chefe e tenha em vista os objetivos mais nobres da vida. Escolha conscientemente se manter calmo, satisfeito e autoconfiante para não se deixar abalar pelas críticas alheias.

10. Seja grato. Lembre-se de se concentrar nas coisas boas em sua vida. Uma família amorosa, por exemplo, proporciona muito mais gratificação do que qualquer emprego.

As sugestões anteriores não são limitadas ao local de trabalho. Ao aplicá-las quando estamos diante de pessoas difíceis em situações sociais, comunitárias ou até mesmo familiares, são igualmente eficazes. Falaremos sobre pessoas e circunstâncias difíceis mais tarde neste capítulo.

> *Embora o mundo seja cheio de sofrimento, também é cheio de superação.*
>
> — HELEN KELLER

Como resolver conflitos em sua vida

Quando devemos discordar

Discordâncias são inevitáveis. Contudo, como lidamos com elas pode fazer uma grande diferença em nossos relacionamentos.

Vale repetir o bom exemplo de Patrick, diretor de produção da Proper Paper Co., que participaria de uma importante reunião em que a alta gerência da empresa decidiria se iria investir em um processo de fabricação não testado. Foi pedido a Patrick que ajudasse a fazer a recomendação preliminar. O problema era que o chefe de Patrick, o vice-presidente de operações, estava por trás da ideia, enquanto Patrick tinha sérias reservas a ela.

Ele podia concordar com seu chefe e permanecer em silêncio, é óbvio, mas o resultado poderia ser o fim da pequena fábrica de papéis. "Eu avisei" não significaria muito quando sessenta pessoas ficassem desempregadas. Por outro lado, ele poderia criar uma grande confusão diante da equipe administrativa e salientar exatamente quanto as suposições de seu chefe eram estúpidas. Isso poderia funcionar, mas havia o risco de alienar a alta gerência e acabar com qualquer chance de um bom relacionamento com seu chefe. Ele também poderia recuar e começar a refazer seu currículo.

O que Patrick fez

Patrick procurou seu mentor, um executivo aposentado da primeira empresa para a qual Patrick havia trabalhado depois de se formar na universidade. Ele sugeriu que Patrick tomasse um caminho intermediário, tendo uma discordância amigável, e que ele preparasse uma apresentação informal, que incluiu:

Lidando com pessoas e circunstâncias difíceis

1. Reconhecer que seu chefe tinha vários argumentos bons. Seu chefe não estava totalmente errado. Alguns aspectos do processo proposto eram muito bons. O processo era definitivamente promissor; testes feitos em locais de microfabricação haviam economizado tempo e dinheiro na produção de papel *couché* sem sacrificar a qualidade. Ao mesmo tempo, a empresa definitivamente precisava examinar novos processos de produção para permanecer competitiva.

2. Transição para a visão dele. Patrick não poderia negar seu primeiro comentário usando palavras como "mas" ou "contudo", porque isso imediatamente criaria frentes de batalha. Em vez disso, depois de reconhecer que a opinião de seu chefe era válida, ele faria uma pequena pausa e então diria: "Eu pensei em mais alguns fatores que poderiam influenciar nossa decisão." Isso parecia um modo bastante neutro de iniciar a conversa.

3. Apresentar os dados. No início, Patrick queria levar resmas e mais resmas de relatórios para provar suas afirmações. Queria descarregar a raiva com que estava de seu chefe sufocando a equipe administrativa com pilhas de papel. Em vez disso, eles resumiram seus argumentos a apenas dois pontos principais: os dados sugeriam que o processo proposto era menos eficiente quando usado em fábricas maiores e ainda não havia sido testado em uma empresa do porte da sua.

4. Terminar com uma afirmação neutra. Levando em conta os dados, fazia sentido Patrick sugerir que a empresa formasse uma equipe maior para examinar mais detalhadamente essa opção, assim como outras opções. Ele podia até mesmo agradar a seu chefe dizendo que seria fantástico se esse novo processo,

Como resolver conflitos em sua vida

após mais exame, provasse ser a oportunidade certa para a empresa.

5. Não se exalte. Discordâncias raramente seguem conforme o planejado. O mentor lembrou Patrick de que ele só poderia fornecer a informação, não controlar a decisão final. Se seu chefe argumentasse, ele poderia "concordar em discordar", mas não deveria entrar num bate-boca. Ele — e a empresa — só sairia perdendo com isso.

Não foi nenhuma surpresa a alta gerência concordar com a sugestão de Patrick. Seu chefe até mesmo concordou que essa era a coisa mais responsável a se fazer. Nós podemos alcançar o mesmo tipo de resultado positivo na próxima vez que soubermos que vamos discordar de alguém.

Transforme "aflição" em "preocupação"

Jack não conseguia dormir. Estava ficando doente de aflição. Dali a uma semana teria um novo chefe. Um estranho. Dava-se muito bem com o antigo, mas quando ele se aposentou, em vez de indicar um dos veteranos para o cargo de supervisor, sua empresa contratou uma pessoa de fora. "Talvez esse novo cara seja durão; talvez não goste de mim", pensava.

Nos dias que se seguiram, ficou nervoso no trabalho e teve muita dificuldade para dormir. Notou que seu amigo e colega, Tony, não parecia estar chateado, por isso lhe perguntou:

— Tony, você não está aflito com relação ao novo chefe?

Tony balançou a cabeça.

Lidando com pessoas e circunstâncias difíceis

— Estou preocupado. Ele pode fazer mudanças aqui. Mas não estou aflito. Qual é a pior coisa que pode acontecer? Bem, a pior é ele me demitir. Se ele me demitir, eu adquiri boas habilidades aqui, então eu conseguiria outro emprego. Não há nenhum motivo real para ele me demitir. Tenho feito um bom trabalho e continuarei a fazer. Se ele fizer mudanças, posso viver com isso... e se não puder, há outros empregos. Então por que ficar aflito?

Jack levou isso a sério e conseguiu trabalhar sem sentir tanta aflição e não perdeu mais o sono. Claro, ele continuaria um pouco preocupado, mas seguindo esse preceito de controlar quanto aquilo o afetaria, pôde lidar com a situação com segurança.

Lidando com demissões

O motivo mais frequente de perda de emprego não é má conduta, nem mesmo mau desempenho do funcionário. Quando uma empresa enfrenta dificuldades financeiras, a administração pode ser obrigada a reduzir custos se reestruturando. Uma das circunstâncias mais difíceis com que podemos ter de lidar como trabalhadores é uma demissão. Perder o emprego pode ser devastador, tanto financeira quanto emocionalmente.

Enquanto adultos maduros, deveríamos ser capazes de aceitar as coisas boas e ruins em nossas carreiras. Com um cuidadoso planejamento e atentos à possibilidade de demissão, podemos fazer o máximo que pudermos para aumentar as chances de ser mantidos durante uma demissão em massa. Essas chances podem aumentar significativamente se seguirmos alguns passos para nos destacarmos como funcionários valiosos.

Como resolver conflitos em sua vida

Seis modos de contribuir para o resultado

Embora a tendência de alguns empregados em um local de trabalho pós-demissões seja se proteger, ficar fora do radar e evitar ser notados, não é disso que a empresa precisa. Agora mais do que nunca a empresa deseja — e precisa — que os empregados assumam responsabilidades, sejam criativos, corram riscos calculados e contribuam com seus melhores esforços e ideias para ajudar a empurrar a empresa para a frente.

Há seis modos pelos quais podemos tomar as rédeas de nosso futuro e fazer mais com ainda menos:

Economizar dinheiro

Buscar continuamente modos de a empresa economizar dinheiro sem sacrificar a qualidade de seus bens e serviços está no cerne de todas as empresas bem-sucedidas. Se examinarmos custos ocultos e explorarmos medidas para cortá-los, poderemos criar medidas de valor agregado.

Economizar tempo

Tempo é essencial — e tempo é dinheiro. Todas as empresas e administrações seniores sabem que tempo é o mais escasso de todos os recursos. Se pudermos encontrar modos de economizar tempo e igualmente manter a qualidade ótima, poderemos agregar ainda mais valor.

Lidando com pessoas e circunstâncias difíceis

Melhorar a qualidade

Pedir feedback e ouvir clientes e fornecedores pode fornecer informações valiosas sobre como melhorar a qualidade de bens e serviços. Isso pode ser feito antecipando o que os clientes querem ou simplesmente lhes perguntando. Pesquisas e avaliações fornecem excelentes insights sobre como elevar o padrão e causar um impacto imediato.

Aperfeiçoar processos

Às vezes, continuamos a fazer coisas de certo modo porque é o modo como sempre foram feitas. Analisar sistemas e processos em curso pode levar a insights de pontos fortes, assim como a oportunidades de aperfeiçoamento. Se pudermos colaborar para otimizar processos e eliminar atividades desnecessárias, poderemos cortar custos, reduzir tempo e agregar mais valor.

Aumentar a participação no mercado

Quando aumentamos nossa base de clientes, reduzimos a da concorrência. Criar confiança, exceder expectativas, oferecer ao cliente um serviço de primeira linha e pedir indicações são apenas alguns dos modos de aumentar as vendas e desenvolver nosso negócio. Nós podemos causar um impacto imediato e tomar as rédeas de nosso futuro encontrando modos de aumentar nossa participação no mercado.

Como resolver conflitos em sua vida

Melhorar a imagem da marca

Praticamente tudo o que uma empresa faz e diz se reflete na imagem de sua marca. Desde sua equipe de vendas a seu web-site, seus materiais publicitários e de marketing, seu atendimento ao cliente e à qualidade de seus produtos, tudo tem um impacto em sua imagem. Todas as empresas bem-sucedidas têm uma imagem de marca forte que resulta de uma bem-sucedida diferenciação da concorrência. Nós podemos agregar ainda mais valor buscando continuamente modos de melhorar a imagem da marca de nosso empregador.

> *Se não tivéssemos inverno, a primavera não seria tão agradável; se não experimentássemos algumas vezes o sabor da adversidade, a prosperidade não seria tão bem-vinda.*
>
> — ANNE BRADSTREET, POETISA NORTE-AMERICANA

Modos de servir a nosso empregador

Além de ajudar a melhorar a produtividade da empresa, há outros modos de aumentarmos nosso valor para nosso empregador. Embora não possamos garantir que nunca seremos demitidos, nosso comportamento no local de trabalho pode fazer uma grande diferença na decisão de quais funcionários serão mantidos.

Lidando com pessoas e circunstâncias difíceis

Ser bom no que se faz

O primeiro requisito é eficiência. Isso é fundamental para todas as outras sugestões. Se não fizermos nosso trabalho bem-feito, todos os planos que possamos ter para sobreviver fracassarão. Devemos aprender tudo que pudermos sobre nosso trabalho e as outras funções de nosso departamento, e tentar ajudar nossa empresa a atingir seus objetivos. Estude o trabalho e faça sugestões sobre como pode ser melhorado. Acima de tudo, devemos estabelecer padrões elevados para nós mesmos e as pessoas que supervisionamos — e nos esforçar para que sejam cumpridos.

Manter-se atualizado sobre tecnologia e adotar novas técnicas

No mundo dinâmico em que vivemos, as coisas estão sempre mudando. Isso é óbvio no trabalho técnico e especializado, mas todas as pessoas devem se manter atualizadas sobre tecnologia de última geração em suas áreas de atuação. Darlene, uma gerente de escritório, lê várias publicações on-line sobre administração de escritórios. Ela sempre vai a exposições de equipamentos empresariais. Com isso, permitiu à sua empresa estar entre as primeiras a desfrutar um novo software de base de dados que se tornou disponível, incluindo uma renovação da rede de computadores da empresa. Quando a empresa em que ela trabalha consolidou vários departamentos, eliminando alguns cargos de supervisão, não teve nenhuma dúvida de que manteria Darlene.

Como resolver conflitos em sua vida

Expandir seu trabalho

Kevin, um dos vários coordenadores de vendas, era responsável pelo acompanhamento das vendas até a mercadoria ser enviada. Se os clientes tivessem problemas com o produto depois de recebê-lo, tinham de entrar em contato com o departamento de atendimento ao cliente, que frequentemente precisava pedir a Kevin as informações necessárias. Kevin desenvolveu um sistema que tornava disponíveis em uma base de dados as informações essenciais sobre cada transação para uso do departamento de atendimento ao cliente. Inserir as informações era uma função importante sua. Quando foi discutida a reestruturação da empresa, Kevin era valioso demais para ser dispensado.

Estar visível

Muitos bons funcionários não são conhecidos por ninguém além de seus chefes imediatos. Há muitos modos de nos tornarmos visíveis. Alguns são:

- Manifestar-se em reuniões. Não tenha medo de expressar suas ideias.
- Participar ativamente de associações comerciais ou profissionais em sua área e relatar suas atividades para a administração.
- Escrever artigos para jornais de comércio ou para a internet.
- Submeter ideias bem concebidas ao sistema de apresentação de sugestões da empresa.

Lidando com pessoas e circunstâncias difíceis

Agir positivamente

Quando Shelley soube que a empresa estava planejando cortar custos, tornou-se totalmente negativa. Presumiu que seria demitida e esse pensamento negativo se refletiu em seu trabalho e sua atitude. Ela perdia muito tempo ao telefone, passou a cometer mais erros e criticava tudo que seu supervisor sugeria. Shelley efetivamente "se demitiu" de modo antecipado.

Sua colega, Vicki, era mais positiva. Pensava: "Eu sou boa, por isso provavelmente serei mantida". Ela trabalhava mais e com maior eficácia. Quando um trabalho especial era necessário, não hesitava em se oferecer para fazê-lo. Continuou a contribuir com os mesmos esforços, energia e compromisso com o trabalho que sempre tivera. Não havia dúvida da parte da administração sobre qual dessas pessoas manter.

Ser flexível

Elliot gerenciava uma loja havia dois anos e se orgulhava de dizer para todos que era o gerente. Infelizmente, devido a condições econômicas, a empresa achou necessário fechá-la. Ofereceram a Elliot uma posição de subgerente de outra loja. "Como posso aceitar uma posição inferior?", pensou Elliot. "Como posso dizer a meus amigos que não sou mais gerente? Será que devo procurar uma vaga de gerente em outra rede comercial?"

Consciente de que a economia estava em desaceleração, Elliot percebeu que seria difícil conseguir outro emprego naquele momento. Ele conversou sobre o potencial de crescimento em sua nova posição com um membro da equipe sênior da rede.

Como resolver conflitos em sua vida

Foi-lhe dito que ele era respeitado e apreciado por seu empregador atual e poderia esperar retomar seu caminho profissional quando a economia melhorasse.

Aceitar um cargo diferente do que ocupamos atualmente ou ser transferido para outro local pode ser um pouco inconveniente e até mesmo significar uma redução na renda, mas geralmente é melhor do que não ter emprego algum ou ir para outra empresa em que somos desconhecidos e teremos de começar do zero.

Preparar-se para uma mudança, se necessário

Como há momentos em que não importa o que façamos, não podemos evitar perder nosso emprego, sempre devemos estar preparados para começar a procurar um. Prepare um currículo e o mantenha atualizado. Use os contatos que fez em seu trabalho atual e ao longo de sua vida para desenvolver uma rede que possa levar a outros empregos. É óbvio que as redes de relacionamento são um ótimo meio de tornar outras pessoas cientes de suas habilidades e sua disponibilidade. Sempre se lembre de que esse tipo de networking é uma via de mão dupla — antes de demandar da sua rede, passe um tempo oferecendo orientação e ajuda aos outros.

Ser demitido não é o fim do mundo. A maior parte das pessoas encontra novos empregos, muitas vezes melhores do que os perdidos. Não é nenhuma vergonha ser demitido, assim como não se deve sentir-se culpado por ter sido mantido quando seus amigos não foram.

Lidando com pessoas e circunstâncias difíceis

Nós devemos aceitar a decepção finita, mas nunca perder a esperança infinita.

— DR. MARTIN LUTHER KING JR.

Quando sobrevivemos ao corte de gastos

Frequentemente as pessoas mantidas após as demissões em massa experimentam o que os psicólogos chamam de "culpa dos sobreviventes". Elas ficam aliviadas por não ter perdido o emprego, mas também lamentam o destino de seus colegas menos afortunados e se preocupam com a possibilidade de eles se ressentirem de sua sorte. Tornam-se ambivalentes em relação à sua lealdade à empresa e estão sempre temendo que sua vez chegue logo. Com alguma frequência, pedem-lhes que dividam o trabalho que os membros anteriores da equipe faziam. As tarefas adicionais, algumas das quais podem ser novas para os empregados remanescentes, acrescentam outra camada de estresse aos que ficam para trás.

As pessoas precisam de ajuda para lidar com essas emoções de forma que possam contribuir para a empresa, ter paz de espírito no trabalho e esperança em relação ao futuro.

Quando continuamos em nossos empregos depois de uma redução do quadro de funcionários, devemos aprender a manter o pensamento positivo e nos concentrar nas coisas que podemos controlar, aumentando, desse modo, a produtividade e o valor e nos reerguendo mais fortes do que nunca. Eis aqui algumas sugestões.

Como resolver conflitos em sua vida

Dez dicas para reduzir o estresse e manter o pensamento positivo após sobreviver a um período de demissões em massa

1. Falar, falar e falar. Não deixe suas emoções o envenenarem. Em vez disso, conte sua história para um amigo ou colega de confiança, ou para um representante do programa de assistência ao funcionário de sua empresa. Todos querem sentir que são ouvidos. Um tipo de discurso a evitar é o de reclamação. Por exemplo, você pode ser convidado a participar de conversas sobre "como a empresa foi desumana demitindo tantas pessoas", ou sobre "como é difícil fazer o trabalho daqueles que não estão mais na empresa". Esse tipo de discurso frequentemente se torna desenfreado em uma época em que a empresa enfrenta problemas, mas se engajar nesse tipo de conversa é, na verdade, prejudicial — ao fazê-lo, consolidamos a negatividade de nossos colegas e em nosso ambiente de trabalho e reforçamos a negatividade e o estresse em nossa própria mente.

2. Manter um diário. Anotar pensamentos, sentimentos e preocupações nos permite processar e eliminar a agitação interna.

3. Voltar a se exercitar e se dedicar a passatempos e às rotinas de trabalho o mais cedo possível para restabelecer uma sensação de conforto, segurança e estabilidade.

4. Ser grato e ver o lado positivo das coisas. Organize um sistema de apoio de amigos a quem recorrer quando o desânimo se instalar.

5. Permanecer saudável se alimentando bem, se exercitando, se mantendo hidratado, rindo, ouvindo sua música favorita, se mimando e dormindo bem.

Lidando com pessoas e circunstâncias difíceis

6. Buscar seus pontos fortes. Faça um inventário deles e registre as qualidades ou estratégias que já ajudaram você em tempos de estresse.

7. Socializar-se com pessoas positivas e evitar as fontes de boatos. Faça sua parte mantendo seu moral alto para aqueles que ficaram. Considere formar um comitê de funcionários responsável por organizar eventos, almoços festivos etc.

8. Cooperar com o inevitável. Não se preocupe com o passado, se concentre no futuro. Use uma abordagem proativa em relação ao futuro. Atualize seu currículo e realize ações que o farão se sentir no controle.

9. Lembrar-se de que as demissões não foram culpa sua e que seus sentimentos são normais e legítimos. Seja paciente com o tempo necessário para superar a perda e o processo de luto e não fique desmotivado com alguns retrocessos.

10. Entrar em contato com seus colegas que foram demitidos. Escreva cartas de recomendação e pergunte como pode ser útil para eles. Ajude-os a se conectar e participar de redes sociais, como Facebook, LinkedIn etc.

Sete dicas para permanecer focado e produtivo depois de uma demissão em massa

1. Quando você se sentir "em uma boa fase", permaneça nela. Aproveite esses piques de energia.

2. Desenvolva um senso de urgência.

3. Priorize seus objetivos, use sua motivação e criatividade e não deixe nada fazê-lo parar. Você foi escolhido para permane-

Como resolver conflitos em sua vida

cer na empresa e isso é uma prova de que é considerado um funcionário valioso. Por que não manter sua boa reputação?

4. Ponha fim à procrastinação. Dê aqueles telefonemas importantes e escreva os e-mails que foram negligenciados.

5. Cumpra sua lista de coisas a fazer. Concentre-se nas prioridades e se recompense quando coisas forem feitas. Lembre-se de que isso é empoderador. Nós podemos nos recuperar mais rapidamente do trauma se continuamos a ser colaboradores ativos.

6. Estabeleça objetivos realistas, divida-os em pequenos passos e simplesmente corra atrás deles.

7. Trabalhe cooperativamente com colegas de equipe.

Circunstâncias difíceis em nossa vida pessoal

É claro que algumas das circunstâncias mais difíceis que enfrentamos não ocorrem no local de trabalho. Vamos examinar as ferramentas que podemos usar para administrar conflitos com nossos familiares e amigos.

Conflitos entre pais e filhos

Helena e seu filho, David, sempre haviam sido próximos, mas quando ele entrou na adolescência tudo mudou. Seu tempo juntos se tornou tenso e cheio de desentendimentos por quase tudo, desde suas notas na escola, que caíram de A para C, até seu descumprimento de tarefas domésticas.

Fred, o pai de David, divorciado de Helena desde que David tinha quatro anos, vivia agora no Texas, a mais de 1.600 quilômetros de distância dos dois. Durante anos, Fred havia ignora-

Lidando com pessoas e circunstâncias difíceis

do David, mas cinco anos atrás, quando David tinha dez anos, o pai expressou o desejo de restabelecer um relacionamento com ele. Desde então, David passava algumas semanas por ano com Fred e sua nova esposa e filha.

Em suas discussões frequentes, David acusava Helena de ser rígida demais e exigir muito dele. Ele lhe disse que preferia ficar com o pai. O ponto culminante foi quando David disse à mãe que, após várias conversas telefônicas com o pai, eles haviam concordado que ele podia se mudar para o Texas e morar com o pai no fim do ano escolar.

Helena ficou com o coração partido. Ela tentou persuadir David a mudar de ideia. Consultou seu pastor, seu advogado, seus amigos e sua terapeuta, e todos eles falaram com David, mas ele estava irredutível. O advogado de Helena disse que provavelmente ela poderia ficar com ele obtendo uma medida restritiva, mas o pai poderia recorrer. Em casos como esse, o juiz discutia isso em particular com o adolescente e, a menos que houvesse circunstâncias adversas, concordava com seu desejo.

Helena ficou arrasada quando David foi embora para o Texas. Ela pensou e repensou no que poderia ter feito para evitar que isso acontecesse. Talvez fosse exigente demais, mas achava que era para o bem do filho. Com a ajuda de sua terapeuta, aprendeu a aceitar que ela estava simplesmente sendo a melhor mãe que sabia ser. Falando com sua terapeuta sobre sua experiência, Helena começou a entender que as críticas de David a ela eram na verdade um reflexo das dores do crescimento na adolescência. Não precisava acreditar nelas. Isso a ajudou a superar seus sentimentos de culpa e seu pensamento de que não era uma boa mãe.

Como resolver conflitos em sua vida

Outro modo que Helena buscou para superar a dificuldade foi entrar para a academia em que algumas de suas amigas faziam aeróbica. O exercício ajudou a reduzir um pouco seu estresse e lhe deu uma chance de reavivar sua vida social.

Ela falava regularmente com David pelo telefone e por Skype. Com o passar do tempo, as conversas deles se tornaram mais amorosas e David admitiu que sentia falta da mãe e estava ansioso para visitá-la nas próximas férias escolares.

Faz dois anos que David se mudou, e Helena ainda sente sua falta. Ele se formou no ensino médio e está prestes a entrar na Universidade do Texas. Ela percebeu que na verdade só perdeu dois anos com ele, porque David em algum momento teria partido para a universidade. Ele telefona regularmente e a visita sempre que pode. Ambos anseiam por essas visitas e, com a entrada de David na vida adulta, eles restabeleceram um bom relacionamento.

Conflitos entre amigos

Catharine e Ellen faziam pós-graduação e se davam bem em suas aulas. O alojamento de Catharine ficava longe da universidade, e como Ellen precisava de ajuda para pagar seu aluguel, convidou Catharine para morar com ela. Catharine se mudou no início do mês seguinte.

Ellen logo percebeu que Catharine não era uma pessoa especialmente organizada. Ellen estava acostumada a manter as coisas limpas e em ordem, mas Catharine tinha o hábito de jogar sua mochila em qualquer lugar e deixar louça suja onde havia comido. Embora Ellen gostasse da companhia de Catharine

Lidando com pessoas e circunstâncias difíceis

e realmente precisasse de ajuda com o aluguel, achava o comportamento de Catharine egoísta. Um dia ela realmente se encheu e a acusou de ser preguiçosa e desleixada.

A primeira reação de Catharine foi ficar na defensiva, mas como era bem versada em relações interpessoais, fez uma pausa. Pensou do ponto de vista de Ellen — Ellen havia mantido sua casa de certa maneira e teve de se adaptar à chegada de uma nova pessoa mudando isso. Também reconheceu que embora Ellen a houvesse atacado, suas palavras foram dirigidas ao comportamento dela, não a ela própria. Catharine reconheceu que não havia pensado nas práticas de organização doméstica de Ellen e lhe disse que prestaria mais atenção a isso no futuro. Desculpou-se e pediu que Ellen lhe dissesse coisas específicas que ela poderia fazer para ser uma companheira de apartamento melhor.

Ao reagir tranquilamente à crítica de Ellen, Catharine pôde desarmar a tensão da situação e viver harmoniosamente com ela.

Recuperando-se

Não é raro uma grande decepção, seja profissional, seja em outros aspectos da vida, fazer o moral despencar e causar um grande golpe na autoconfiança. Todos nós temos a capacidade de nos recuperar e vencer a depressão que nos abate quando as coisas dão errado. Nós podemos fazer todos os esforços para corrigir os problemas tangíveis, mas também temos de dar passos específicos para superar a depressão psicológica que pode nos tirar as forças e a energia. A menos que uma ação corretiva seja realizada imediatamente, isso pode piorar e se transformar em autocomiseração, fracasso e infelicidade.

Como resolver conflitos em sua vida

Vejam o caso de Ron, um bem-sucedido vendedor de uma empresa de serviços de informática. Durante vários anos, seu maior cliente, a Lincoln Manufacturing Company, foi responsável por trinta por cento de sua renda. Ron soube que a companhia fecharia sua fábrica em Toledo e consolidaria as operações em sua unidade de Houston.

Nas semanas seguintes, Ron ficou arrasado, lamentando sua perda. "Eu acho que nunca vou me recuperar da perda dessa conta", lamuriou-se. Seu gerente de vendas lhe deu apoio moral, encorajando-o a tentar obter novas contas. Forneceu-lhe contatos adicionais de possíveis clientes, mas nada pareceu ajudar. Ron os procurou, mas suas apresentações não foram empolgantes. Suas dúvidas quanto à própria capacidade transpareceram para os clientes em potencial, e Ron não realizou nenhuma venda.

Esses fracassos se somaram à primeira perda e o fizeram se sentir ainda pior em relação a si mesmo e suas circunstâncias. Ron entrou em um estado de profunda tristeza e pensou seriamente em abandonar a área de vendas e tentar uma carreira que exigisse menos dele.

Mas Ron havia se esforçado muito para se tornar um vendedor bem-sucedido e não podia jogar todos aqueles bons anos fora. Com a ajuda de seu gerente de vendas, venceu as etapas do luto que se seguem a uma grande perda. Finalmente aceitou o fato de que a perda de seu cliente não tinha nada a ver com sua competência. Ele ainda tinha a mesma capacidade e energia que lhe permitiram vender para a Lincoln e a todos os outros clientes ao longo dos anos. Ron teve de recomeçar com confiança renovada e entusiasmo.

Lidando com pessoas e circunstâncias difíceis

Estabeleça metas realistas e atingíveis

O único modo de obter essa confiança era ser bem-sucedido nas vendas. Ron estabeleceu novos objetivos para si mesmo e os discutiu com seu gerente.

"Art, eu vou repor essas vendas em seis meses."

"Isso é ótimo, Ron. Qual é seu plano de ação?"

"Eu realmente vou trabalhar muito, dar o meu máximo, e conseguir."

"Estou feliz por você se sentir assim, mas vamos estudar o mercado e estabelecer metas realistas. Se você estabelecer uma meta elevada demais em um tempo curto demais, estará armando o próprio fracasso. É mais importante estabelecer metas difíceis, mas razoáveis, que você pode atingir, e então se esforçar para isso."

Art estava certo. A melhor forma de se recuperar é ter novos sucessos. Se as metas iniciais forem muito altas, é improvável que sejam alcançadas.

Ao estabelecer metas realistas e alcançáveis, atingindo uma de cada vez, estamos aumentando nossa credibilidade à imagem que temos de nós mesmos. Assim, provamos para nós mesmos a nossa capacidade de construir uma base sólida para dar o próximo passo. Sucesso gera sucesso e, ao seguir o conselho de Art, Ron não apenas conseguiu recuperar seus negócios, como aumentou suas vendas totais por vários meses seguintes.

Concentre-se nas conquistas passadas

A infelicidade e os fracassos não se limitam à nossa carreira. Naturalmente, podem afetar todos e quaisquer aspectos de nos-

Como resolver conflitos em sua vida

sa vida. Para Michelle, seu casamento era uma fonte de sofrimento. As críticas constantes de seu marido haviam transformado uma mulher vibrante e segura de si em uma derrotista, desiludida e assustada.

Michelle tinha se casado logo após se formar na faculdade. Embora quisesse lecionar, seu marido a persuadira a aceitar um cargo administrativo em um banco. Ela sentia que tinha muita criatividade a oferecer, mas seu marido lhe dizia que ela não era capaz de assumir nenhuma posição de responsabilidade. Ele encontrava defeito em tudo o que ela fazia e inflava o próprio ego desvalorizando-a.

Após três anos disso, Michelle se divorciou e decidiu reconstruir sua vida. Reviu seu passado e percebeu que era mais feliz e bem-sucedida quando estava na universidade. Matriculou-se em um curso de extensão universitária. Sua participação nas aulas, seus relatórios de pesquisas e suas notas excelentes reforçaram sua imagem de si mesma como uma vencedora.

Seu sucesso no curso a encorajou a tentar se matricular em um programa de mestrado, no qual se saiu tão bem que, quando obteve seu diploma, foi convidada a fazer parte do corpo docente.

Concentrando-se nas conquistas passadas e buscando oportunidades de repeti-las, Michelle venceu o desânimo e voltou a ter uma vida feliz e gratificante.

A dificuldade atrai o homem de caráter, porque é abraçando-a que ele percebe sua capacidade.

— CHARLES DE GAULLE, EX-PRESIDENTE DA FRANÇA

Lidando com pessoas e circunstâncias difíceis

Superando o vendaval

Quando tudo parecer *cinza* e a tristeza bater, não a deixe derrubá-lo. O sol *alaranjado* brilhante ainda está lá. Só está temporariamente escondido atrás das nuvens cor de *ébano*. O caminho *prateado* para o lado bom da vida pode ser bloqueado por pessoas *verdes* de inveja, distorcido por pessoas *roxas* de raiva ou impedido por luzes *amarelas* que nos tornam excessivamente cautelosos. Para a vida voltar a ser *cor-de-rosa*, devemos visualizar nossos objetivos com uma nitidez *cristalina* e avivar as chamas *vermelhas* de nosso zelo para superar nossos problemas até surgir o clarão *branco* da força e determinação. Isso nos permitirá saltar sobre o *escuro* abismo que nos impede de atingir nossos objetivos e mudar a cor de nossa vida de *cinza* para *dourada* brilhante.

> *Uma das coisas mais trágicas que eu percebo sobre a natureza humana é que todos nós tendemos a adiar a vida. Estamos todos sonhando com um jardim de rosas mágico no horizonte — em vez de apreciar as rosas que florescem do lado de fora de nossas janelas hoje.*
>
> — Dale Carnegie

Resumo

- Não importa quanto somos bons no que fazemos, de tempos em tempos teremos decepções. O modo como lidamos com decepções, derrotas ou aborrecimentos não

Como resolver conflitos em sua vida

só afeta nosso trabalho e nossa carreira, como também tem um sério impacto em nossa saúde psicológica.

- Não podemos controlar o modo como nossos chefes nos criticam, mas podemos controlar como reagimos a isso. Cabe a cada um de nós ver a crítica como uma experiência de aprendizado, e não de humilhação.

- Quando você se deparar com um chefe insensato, lembre-se de que não pode mudar o comportamento dele; o melhor modo de enfrentar essa situação é se concentrar nas coisas que você pode controlar e mudar.

- Discordâncias são inevitáveis. Contudo, como lidamos com elas pode fazer uma grande diferença em nossos relacionamentos.

- Provavelmente a preocupação mais séria de um funcionário é com a possibilidade de perder seu emprego. Com um planejamento cuidadoso e dando passos para sobressairmos como funcionários valiosos, poderemos maximizar nossas possibilidades de sobrevivência.

- Frequentemente as pessoas mantidas após demissões em massa experimentam o que os psicólogos chamam de "culpa dos sobreviventes". Elas lamentam o destino de seus colegas menos afortunados e se preocupam com a possibilidade de eles se ressentirem de sua "sorte". Podemos superar esses problemas emocionais seguindo as dez dicas para reduzir o estresse relacionadas neste capítulo.

- Em nossa vida pessoal, estamos sujeitos a ser ocasionalmente criticados. Assim como no local de trabalho, é importante permanecer calmo e tentar aprender com a crítica. Sempre devemos nos lembrar de que há uma diferença entre fazer algo errado e ser uma pessoa ruim.

Lidando com pessoas e circunstâncias difíceis

- Após uma grande decepção, seja no trabalho, seja em outros aspectos de nossa vida, nosso moral tende a despencar.
- Todos nós temos a capacidade de nos recuperar e vencer a depressão que nos abate quando as coisas dão errado.

Todos os esforços devem ser feitos para corrigir os problemas tangíveis, mas também temos de dar passos específicos para superar a depressão psicológica que pode nos tirar as forças e a energia.

Apêndice A

Sobre a Dale Carnegie & Associates, Inc.

Fundada em 1912, a Dale Carnegie Training evoluiu da crença de um homem no poder do autoaperfeiçoamento para uma empresa de treinamento baseada em desempenho com escritórios em todo o mundo. Ela tem como foco oferecer a pessoas no ramo empresarial a oportunidade de aprimorar suas habilidades e melhorar seu desempenho para obter resultados positivos, constantes e proveitosos.

O conjunto de conhecimentos original de Dale Carnegie tem sido constantemente atualizado, expandido e aperfeiçoado por quase um século de experiências empresariais da vida real. As 160 franquias de Dale Carnegie em todo o mundo usam seu treinamento e seus serviços de consultoria em empresas de todos os portes e segmentos de negócios para aumentar seu conhecimento e desempenho. O resultado dessa experiência global colaborativa é um crescente conjunto de conhecimentos de negócios com que nossos clientes contam para obter resultados comerciais.

Como resolver conflitos em sua vida

Sediada em Hauppauge, Nova York, a Dale Carnegie Training é representada em todos os cinquenta estados americanos e em mais de 75 países. Mais de 2.700 instrutores apresentam os programas da Dale Carnegie Training em mais de 25 idiomas. A Dale Carnegie Training se dedica a servir à comunidade de negócios em todo o mundo. De fato, cerca de sete milhões de pessoas completaram o treinamento.

A Dale Carnegie Training enfatiza princípios e processos práticos ao criar programas que oferecem às pessoas o conhecimento, as habilidades e as práticas de que precisam para agregar valor ao seu negócio. Relacionando soluções comprovadas com desafios da vida real, a Dale Carnegie Training é reconhecida internacionalmente como líder em extrair o melhor das pessoas.

Entre os formados nesses programas há diretores executivos de grandes corporações, donos e gerentes de empresas de todos os portes e em todos os ramos de atividade comercial e industrial, líderes legislativos e executivos de governos e inúmeros indivíduos cuja vida foi enriquecida pela experiência.

Em uma pesquisa global de satisfação do cliente, 99 por cento dos participantes da Dale Carnegie Training expressaram satisfação com o treinamento recebido.

Apêndice B

Os princípios de Dale Carnegie

Torne-se uma pessoa mais amigável

1. Não critique, condene ou reclame.
2. Expresse uma honesta e sincera gratidão.
3. Desperte um forte desejo na outra pessoa.
4. Interesse-se genuinamente pelos outros.
5. Sorria.
6. Lembre-se de que o nome de uma pessoa é para ela o som mais doce em qualquer idioma.
7. Seja um bom ouvinte. Encoraje os outros a falar de si mesmos.
8. Fale sobre os interesses da outra pessoa.
9. Faça a outra pessoa se sentir importante — e faça isso sinceramente.
10. Para ganhar uma discussão, evite-a.
11. Demonstre respeito pela opinião alheia. Nunca diga a uma pessoa que ela está errada.
12. Se você estiver errado, admita isso rápida e enfaticamente.

Como resolver conflitos em sua vida

13. Comece de modo amigável.
14. Faça a outra pessoa dizer "sim" imediatamente.
15. Deixe a outra pessoa falar durante grande parte da conversa.
16. Deixe a outra pessoa sentir que a ideia é dela.
17. Tente honestamente ver as coisas do ponto de vista da outra pessoa.
18. Seja sensível às ideias e aos desejos da outra pessoa.
19. Apele para os motivos mais nobres.
20. Dramatize suas ideias.
21. Lance um desafio.
22. Comece com um elogio e um sincero apreço.
23. Chame atenção indiretamente para os erros da pessoa.
24. Fale sobre seus erros antes de criticar a outra pessoa.
25. Faça perguntas em vez de dar ordens diretas.
26. Deixe a outra pessoa manter a dignidade.
27. Elogie o menor progresso e elogie todo progresso. Seja "caloroso em sua aprovação e pródigo em seus elogios".
28. Dê à outra pessoa uma boa reputação para manter.
29. Incentive. Faça o erro parecer fácil de se corrigir.
30. Faça a outra pessoa se sentir feliz fazendo o que você sugere.

Princípios fundamentais para vencer aflições

1. Viva em "compartimentos diários".
2. Como enfrentar problemas:
   - Pergunte a si mesmo: "O que de pior pode acontecer?"
   - Prepare-se para aceitar o pior.
   - Tente amenizar o pior.
3. Lembre-se do preço exorbitante que você pode pagar em termos de saúde por se afligir.

Apêndice B

Técnicas básicas para analisar a aflição
1. Reúna todos os fatos.
2. Pese todos os fatos — então tome uma decisão.
3. Quando tomar uma decisão, aja!
4. Escreva e responda as seguintes perguntas:
   - Qual é o problema?
   - Quais são as causas do problema?
   - Quais são as soluções possíveis?
   - Qual é a melhor solução possível?

Acabe com o hábito de ficar aflito antes que ele acabe com você
1. Mantenha-se ocupado.
2. Não dê importância a coisas pequenas.
3. Use a lei das probabilidades para banir suas preocupações.
4. Coopere com o inevitável.
5. Decida quanta ansiedade uma coisa vale e se recuse a aumentá-la.
6. Não se preocupe com o passado.

Cultive uma atitude mental que lhe traga paz e felicidade
1. Encha sua mente de pensamentos de paz, coragem, saúde e esperança.
2. Nunca tente se vingar de seus inimigos.
3. Espere ingratidão.
4. Seja grato e conte suas bênçãos — não seus problemas.
5. Não imite os outros.
6. Tente tirar proveito de suas perdas.
7. Crie felicidade para os outros.

Este livro foi composto na tipografia
Minion Pro, em corpo 11,5/16, e impresso
em papel off-white no Sistema Cameron da
Divisão Gráfica da Distribuidora Record.